アメリカ契約法入門

髙田　寬　著

文眞堂

はしがき

　ビジネスのグローバル化の進展により，海外の企業との取引では，英文契約書を使うことが多い。特に，取引相手がアメリカの企業の場合には，必然的に，英文契約書による契約締結が一般的であり，契約の準拠法（governing law）として，アメリカ契約法，具体的には，ある特定の州法（たとえば，ニューヨーク州法など）を採用することが少なくない。このため，アメリカ企業との取引においては，少なくともアメリカ契約法の基本的知識は不可欠であるといえる。

　アメリカは，英米法（Anglo-American law）系の国に属し，裁判所が過去に示した判断の蓄積によって法理が形成される判例法（common law）の国である。もともとイギリスの植民地であったこともあり，ルイジアナ州を除いて，イギリスの契約法理を基本的に継受している。そのため，その内容は，大陸法（civil law）系の国であるわが国の契約法と異なる特徴を有している。

　また，アメリカ契約法という単一かつ統一的な法律（連邦法）は存在せず，50の州ごとに判例法理及び契約（contract）に関する制定法があり，これらの内容も州によってそれぞれ少しずつ異なる。このように，一概にアメリカ契約法といっても統一的なものはなく，州によって異なり，判例法理上その範囲は多岐にわたり，また細部は複雑である。しかし，その基本的な契約法理の多くは共通している。

　本書は，これらのアメリカ契約法に関する基本的なルール及び考え方をわかりやすく解説した初学者のための入門書である。

　本書の読者としては，大学の学部生及び大学院生のみならず，海外取引に携わることの多い企業法務，これからアメリカの弁護士資格を取得する者などを想定している。そのため，本書では，できるだけ多くの簡単な事例を取り上げ，それを解説することにより，アメリカ契約法の基本的な法理をわかりやすく解説することを心がけた。また，代表的な判例も事例として取り上げた。

本書を通読することにより，短時間にアメリカ契約法の基本的な契約法理の概略を理解することができるであろう。しかし，これらは，アメリカ契約法の共通かつ基本的なルール及び考え方に過ぎず，アメリカ契約法のすべてを知ることはできない。より深くアメリカ契約法を学ぶためには，本書だけでは不十分であり，より多くの実際の判例や詳細に記述された書籍での学習が必要である。本書では，学習の次のステップのために，アメリカ契約法に関する優良な書籍を巻末に紹介しておいたので，ぜひ参考にされたい。

　アメリカの多くのロー・スクール（law school）では，アメリカ契約法は初年度に配当され，ケース・メソッド（ソクラテス・メソッド）により，判例を基に法律の基本を学ぶ。そのため，本来であれば，英文の判例や，アメリカの著名な大学教授や弁護士が英語で書いた外書を読み，英語で理解するのが理想的であるが，多忙な者にとっては非効率的であり，初学者には勧められない。しかし，重要な英語表現は，実務上，後で役に立つことが多い。そのため，本書では，重要な用語については，できるだけ英語を併記した。これも，本書の特徴ともいえるであろう。

　アメリカにはアメリカ契約法なる連邦法が存在しないため，実務的には，英文契約書を締結する際の準拠法は，州法となる。ただし，どの州法を使うかによって，微妙に内容が異なる。たとえば，契約違反（breach of contract）の出訴期限法（statute of limitations）は，ニューヨーク州法では6年，カリフォルニア州法では4年，デラウェア州法では3年と，それぞれ異なる。これは一例に過ぎないが，どの州法を準拠法にするかによって契約当事者間の有利・不利が出てくることがある。そのため，準拠法の選択は，慎重に行わなければならない。このような詳細については，残念ながら，本書では取り扱っていないので，必要に応じてより詳細に調べていただきたい。

　本書が，読者諸氏のアメリカ契約法の学習の最初のステップになることを願ってやまない。最後になったが，本書を作成するにあたり，文眞堂の前野隆様，前野眞司様には大変お世話になった。紙面を借りて厚く御礼申し上げる。

　　2018年1月5日

　　　　　　　　　　　　　　　　　　　　　　　　　　　髙田　寛

目　次

はしがき……………………………………………………………………ⅰ

第 1 章　アメリカの法システム（**U. S. Legal System**）……………1

1. 判例法（Common Law）……………………………………………1
2. 連邦法と州法（Federal Law and State Law）……………………3
3. 制定法とコモン・ロー（Statutes and Common Law）……………3
4. 裁判制度（Court System）…………………………………………4
5. 管轄権（Jurisdiction）………………………………………………5
6. コモン・ロー（Common Law）とエクイティ（Equity）……………6

第 2 章　契約とは何か？（**What is a Contract?**）………………8

1. 定義（Definition）……………………………………………………8
2. 契約法第 2 次リステイトメント
 （Restatement（Second）of Contracts）…………………………11
3. 統一商事法典（U.C.C.）第 2 編……………………………………12
4. 州法（State Law）……………………………………………………13
5. 契約の種類（Type of Contracts）…………………………………13
6. 双務契約（Bilateral Contract）と片務契約（Unilateral Contract）…15
7. 契約の成立（Formation of Contract）……………………………17
8. 特定の種類の契約（Specific Types of Contracts）………………21

第 3 章　相互の同意（**Mutual Assent**）－ 申込（**Offer**）………23

1. 申込の定義（Definition of Offer）…………………………………23
2. 申込の誘引（Invitation to Offer）…………………………………25
3. 申込の撤回（Revocation of Offer）…………………………………28

   4.　撤回（revocation）しないと約束した場合 ……………………29
   5.　被申込者による拒絶（Rejection by Offeree）………………33
   6.　法の適用による消滅（Termination by Application of Law）…………35
   7.　不明確な申込（Unclear Offer）………………………………36

第 4 章　相互の同意（Mutual Assent）－承諾（Acceptance） ……………38

   1.　承諾の定義（Definition of Acceptance）……………………38
   2.　片務契約（Unilateral Contract）の承諾（Acceptance）………41
   3.　調整（Accommodation）………………………………………43
   4.　鏡像原則（Mirror Image Rule）………………………………44
   5.　発信主義（Mailbox Rule）……………………………………45
   6.　沈黙（silence）による承諾（acceptance）……………………47

第 5 章　約因（Consideration） ……………………………………50

   1.　約因とは何か？（What is Consideration?）…………………50
   2.　交換取引（Bargained-for Exchange）………………………51
   3.　不明確な約因（Unclear Consideration）……………………53
   4.　約因の法的価値（Legal Value of Consideration）…………57
   5.　既存の法的義務（Existing Legal Obligation）………………59
   6.　約束的禁反言（Promissory Estoppel）………………………61

第 6 章　抗弁（Defense） ……………………………………………69

   1.　抗弁の不存在（Absence of Defense）………………………69
   2.　錯誤（Mistake）………………………………………………70
   3.　能力の欠如（Lack of Capacity）……………………………80
   4.　違法性（Illegality）……………………………………………85
   5.　非良心性（Unconscionability）………………………………88
   6.　詐欺防止法（Statute of Frauds）……………………………91

第 7 章　契約の解釈と契約条項
　　　　　（Contract Construction and Clause） 103

1. 契約解釈の一般原則（General Rules of Contract Construction） 103
2. 口頭証拠排除法則（Parol Evidence Rule） 107
3. 売買に関する規定（Regulations of Sales） 110
4. 担保責任（Warranty Liability） 119
5. 担保責任の免責（Disclaimer of Warranties） 122
6. 補償条項（Indemnity Clause） 124
7. 損害賠償の制限（Restriction of Damages） 124

第 8 章　履行及び不履行
　　　　　（Performance and Non-performance） 127

1. 履行（Performance） 127
2. 約束と条件（Promise and Condition） 130
3. 物品売買以外の危険負担（Burden of Risk） 141

第 9 章　違反（Breach） 143

1. 契約違反（Breach of Contract） 143
2. 違反の重大性（Materiality of Breach） 144
3. Walker & Co. v. Harrison 事件 146
4. 完全履行の法理（Perfect Tender Rule） 147

第 10 章　救済（Remedy） 151

1. 金銭的損害賠償（Monetary Damages） 151
2. 特定履行（Special Performance） 164

第 11 章　契約における第三者の権利と義務（Rights and
　　　　　 Duties of Third Parties to Contract） 168

1. 第三者のための契約（Contract for Third Parties） 168

2. 権利の譲渡及び義務の移譲（Assignment of Rights and Delegation of Duties） ………………………………………………………… 174

参考図書………………………………………………………………… 180
判例……………………………………………………………………… 181
和文索引………………………………………………………………… 183
欧文索引………………………………………………………………… 185

第1章

アメリカの法システム
(U.S. Legal System)

◆学習のねらい
　世界の法体系は，大陸法（civil law），判例法（common law），イスラーム法（islamic law），慣習法などに分けられるが，アメリカは，判例法（common law）系の国に属し，大陸法（civil law）系の国であるわが国とは異なる法体系をもつ。
　また，アメリカが50の州からなる連邦国家であるので，連邦法（federal law）と州法（state law）という2つの法システム（legal system）を持ち，その内容は複雑である。
　この章では，アメリカ契約法を理解する上で，知っておくべきアメリカの法システム（U.S. legal system）を概観する。

1. 判例法（Common Law）

　世界の法システム（legal system）は，一般的に，大陸法（civil law），判例法（common law），イスラーム法（islamic law），慣習法（customary law）その他に分けられるが，多くの先進国は，大陸法（civil law）系または判例法（common law）系の国であり，異なる法システム（legal system）を採用している。このように，国によって法システム（legal system）が異なる。
　アメリカの法システム（legal system）は，判例法（common law）に分類

される。判例法（common law）は，イギリスやアメリカを中心に発展してきたので英米法（Anglo-American law）とも呼ばれるが，本書では判例法（common law）という用語を用いることとする。

判例法（common law）とは，過去の裁判例が不文法として法規範をもつものであり，イギリスのコモン・ロー（common law）を起源としている。すなわち，個別的かつ具体的な事件を個々の裁判で審議し，その蓄積された裁判例がそのまま法源（裁判官が裁判を行う際に基準となるもの）となったものである。

このうち，代表的かつ重要な裁判例が判例（裁判例の中でも，後の裁判例に影響を与える法的拘束力をもつ裁判例のこと）として，先例法理（stare decisis）を形成していき，判例法理は実定法（人が人為的に定めた法律で，自然法と対比される）としての拘束力（先例拘束性）をもつようになる。すなわち，先例拘束性（binding precedents）とは，裁判所（最高裁は除く）は，過去の類似した裁判例に拘束されるという意味であり，判例そのものが法律としての機能を果たすことになる。そのため，判例法（common law）は，"case law" とも，"judge-made law" とも呼ばれる。

一方，大陸法（civil law）は，一般的かつ抽象的な規範として作った制定法を法源とするもので，ヨーロッパ大陸諸国を中心に発展してきた。もともと，大陸法（civil law）は，ローマ法に起源をもち，コモン・ロー（common law）に対してシビル・ロー（civil law）と呼ばれ，わが国も，明治以降，ドイツ法やフランス法を継受したため，大陸法（civil law）系の国に属する。

このように，先進国の法システム（legal system）は，判例法（common law）と大陸法（civil law）に大別されるが，アメリカがイギリスの植民地であったため，他のイギリスの植民地と同様，多くのイギリス人が移住し，必然的にイギリス法が植民地の法として採用されたという経緯をもつ。ただし，ルイジアナ州は，歴史的に，もともとフランスの植民地であったため，現在も大陸法がいきている州である。

2. 連邦法と州法（Federal Law and State Law）

アメリカの法システム（legal system）は、連邦法（federal law）と州法（state law）の二重構造をもつ。アメリカは独立した50の州（state）の連邦国家（federal states）であることから、州（state）の権限が強く、各州は独自の法体系をもつ。連邦法（federal law）は、各州が連邦政府に移譲（delegation）した一部の権限に基づくものであり、その権能は一部に限られる。

連邦政府の立法権限は、合衆国憲法（U.S. Constitution）1条8節（Article 1 Section 8）に記載されているが、この中に、契約（contract）に関する事項は含まれていない。すなわち、連邦政府には契約（contract）に関する立法権限がないため、アメリカ契約法という、単一かつ統一的な連邦法（federal law）は存在せず、その法源は各州の州法（state law）である。

それも判例法（common law）であることから、州（state）によって法システム（legal system）が異なり、たとえば、A州の裁判所の判決は、A州の過去の判例に拘束されるが、B州の裁判所では拘束されない。同様にA州の裁判所も、B州の最高裁判所の判決であっても拘束されない。また、A州の最高裁判所の判決であっても、連邦最高裁はそれに拘束されない。

このように州（state）によって法システム（legal system）が異なると、州（state）をまたがった契約（contract）の場合、いったんトラブルが生じると、どちらの州法を使うのかというような問題が発生する。このような場合、合衆国憲法（U.S. Constitution）1条8節（Article 1 Section 8）の「諸外国との通商、各州間の通商」（commerce clause）により、連邦政府が介入することもあるが、基本的には、管轄（jurisdiction）の問題として処理される。

3. 制定法とコモン・ロー（Statutes and Common Law）

アメリカが判例法（common law）の法体系をもつ国とはいっても、制定法がないということではない。アメリカでは多くの制定法が制定されており、制定法が伝統的な判例法（common law）に優越するという原則がある。

また，アメリカの法システム（legal system）は，連邦法（federal law）と州法（state law）の二重構造をもつが，合衆国憲法（U.S. Constitution）6条2節の連邦法規優越条項（supremacy clause）により，連邦法（federal law）が州法（state law）よりも優越する。

具体的に，最も上位に位置し優越するものが，アメリカ合衆国憲法（U.S. Constitution）である。その次が，連邦法（federal law），各州の憲法（State Constitution），州法（state law）と続く。このように，連邦法（federal law）が州法（state law）に優越するが，アメリカ契約法は，連邦法（federal law）が存在しないことから，実質的に州法（state law）が実定法となる。

また，議会（legislatures）は，制定法（statutes），規約（codes），規則（rules）を制定し，判決（judicial decisions）によって，判例（cases）及びコモン・ロー（common law）が確立される。行政機関（administrative agencies）による規則（regulations）及び行政裁判所（administrative courts）の決定も法源になり得る。

なお，大統領令（executive order）とは，大統領が議会の承認や立法を経ずに直接，連邦政府や軍に発令する行政命令（administrative order）を指す。憲法に明確な記述はないが，法律と同等の効力をもつ。ただし，大統領令（executive order）が連邦最高裁判所（U.S. Supreme Court）に違憲とされることもある。

4. 裁判制度（Court System）

アメリカの法システム（legal system）が，連邦法（federal law）と州法（state law）の二重構造をもつため，裁判制度（court system）も二重の法廷制度（dual court system）をもつ。すなわち，州（state）の裁判制度としては50州の裁判制度（court system）と，連邦政府の管轄区のコロンビア特別区（District of Columbia, DC）の裁判制度（court system）がある。また，州（state）の裁判制度とは別に連邦の裁判制度（court system）が存在する。

連邦裁判所（federal courts）については，合衆国憲法（U.S. Constitution）3条1節（Article 3 Section 1）に記載がある。通常の訴訟を扱う裁判所は，地

方裁判所（District Court），控訴裁判所（Court of Appeals），連邦最高裁判所（U.S. Supreme Court）の3段階に分かれている。連邦裁判所（federal courts）のうち，最も上位に位置するものが連邦最高裁判所（U.S. Supreme Court）であり，1人のChief Justiceと8人のAssociate Justiceの9人の判事から構成される。

控訴裁判所（Court of Appeals）は，全米11の巡回区の巡回裁判所（circuit courts）とワシントンDC巡回区の合計12の司法巡回区（judicial circuits）がある。また，全米各地に94の地域ごとに，連邦地方裁判所（district courts）がある。なお，連邦地方裁判所（district courts）は，事実審裁判所（trial courts）とも呼ばれる。

このほかに，知的財産権に関する事件などを扱う連邦巡回区控訴裁判所（United States Court of Appeals for the Federal Circuit, CAFC）や特別裁判所（special courts）などがある。

州（state）の裁判所は，連邦裁判所（federal courts）と独立した存在で，各50州にそれぞれ存在する。なお，コロンビア特別区（District of Columbia, DC）は連邦政府の管轄であるので，各州と同様に独立した裁判制度をもっている。

各州には，州最高裁判所（state supreme court）がある。この呼び方は，州によって異なり，ニューヨーク州やメリーランド州では，Court of Appealsと呼ぶ。ニューヨーク州では，州の地方裁判所を，英語表記ではSupreme Courtと呼ぶが，これは，一般の州の最高裁判所の意味ではなく，下級裁判所のことである。

また，州最高裁判所（state supreme court）の下に，上訴裁判所（appellate court），事実審裁判所（trial courts），下位事実審（第一審）裁判所（inferior trial courts）などがある。

5. 管轄権（Jurisdiction）

アメリカは州（state）ごとに異なる法システム（legal system）と裁判制度（court system）をもち，また連邦も独自の法システム（legal system）と裁

判制度（court system）をもっているので，どの裁判所がどのような事件について裁判権を有するかが問題となる。

これに対して，合衆国憲法（U.S. Constitution）3条（Article 3）は，以下の4項目に関する事項を連邦の司法管轄権（jurisdiction）と規定している。

① 連邦問題（federal question）
合衆国憲法（U.S. Constitution），連邦法（federal laws），条約（treaty）などの解釈に関連した事件，及び合衆国憲法（U.S. Constitution）1条8節（Article 1 Section 8）に規定する項目に関連した事件

② 州籍相違（diversity）
某州の市民と他州の市民との間の事件など州（state）をまたがるような州際問題に関する事件で，かつ訴額が75,000ドルを超える事件

③ 海事事件（maritime affairs）

④ 合衆国が原告（plaintiff）または被告（defendant）となる事件
これらのいずれかに該当すると，州裁判所（state courts）ではなく連邦裁判所（federal courts）に管轄権があるとされ，連邦裁判所（federal courts）が専属的に事件を扱う。これら以外は，すべて州（state）の裁判所で扱うことになる。

6. コモン・ロー（Common Law）とエクイティ（Equity）

コモン・ロー（common law）は，大陸法（civil law）に対するものとしての広義の意味のコモン・ロー（common law）と，エクイティ（衡平法）（equity）に対する狭義のものがある。

大陸法（civil law）に対するものとしてのコモン・ロー（common law）は，判例法理が実定法となったものを指すが，エクイティ（equity）に対するコモン・ロー（common law）は，金銭賠償（monetary damages）を救済手段とするものである。一方，エクイティ（equity）は，コモン・ロー（common law）の金銭賠償（monetary damages）の救済（remedy）では対応できない特定履行（special performance）や差止命令（injunction）を扱う。

6. コモン・ロー（Common Law）とエクイティ（Equity）

　このように，伝統的に，コモン・ロー（common law）とエクイティ（equity）という二重の法体系があり，裁判所もコモン・ロー裁判所とエクイティ裁判所があったが，アメリカの多くの州では，これらは統合されている。ただし，デラウェア州，テネシー州，ミシシッピ州，ニュージャージー州は，今でもエクイティ裁判所（Court of Chancery）が存在する。

練習問題

以下の事項を，詳しく調べてみよう。
1. コモン・ロー（common law）
2. シビル・ロー（civil law）
3. エクイティ（equity）
4. アメリカの州の裁判所
5. 大統領令（executive order）

第2章

契約とは何か？
(What is a Contract?)

◆学習のねらい ─────────────

　世の中は契約社会といわれる。特に，アメリカでは，ビジネスには契約（contract）は不可欠であり，契約（contract）によって我々の日々の生活も成り立っていると言っても過言ではない。

　我々の生活に欠かせないこの契約（contract）とは，いったい何であろうか。単なる約束（promise）とどう違うのであろうか。

　本章では，契約（contract）の定義（definition）とその概念（concept）について学習する。

1. 定義（Definition）

　アメリカ契約法という単一かつ統一的な連邦法（federal law）は存在しない。アメリカの契約法理は，伝統的にコモン・ロー（common law）の法体系の中で，州（state）ごとに培われてきたものであり，判例が第一法源とされてきた。

　以下の事例で，契約（contract）とは何かを考えてみよう。なお，契約の英語表記は，"contract"，"agreement"，"covenant" などがあるが，本書では "contract" という用語に統一しておく。

【事例2-1】

> AliceがBillに,「自分の時計を100ドルで売りたい」と言った。Billは,Aliceに「いいよ」と返事した。その後,Aliceは自分の時計をBillに手渡した。しかし,Billは一向に100ドルをAliceに払おうとしなかった。

　AliceはBillに時計を渡したが,Billがその代金を払ってくれないという事例である。法は,Billに100ドルをAliceに支払うことを強制することができる。なぜなら,これは単なる約束（promise）ではなく,約束（promise）の中でも,法がその救済（remedy）または履行（performance）を強制する約束（promise）であるからである。

　当然,この場合,AliceとBillの間で,売買契約（sales contract）が成立していることになり,AliceはBillから100ドル得ることができる。もしBillがAliceに100ドル払えない場合には,AliceはBillから時計を取り戻すことができる。

　この場合の約束（promise）は2つある。1つは,AliceがBillに時計を引き渡すという約束（promise）。もう1つが,BillがAliceに100ドル払うという約束（promise）である。このように,この事例の契約（contract）は2つの約束（promise）から構成されている。

【事例2-2】

> BillがAliceに「明日,デートしない？」とデートに誘ったところ,Aliceは,「いいわよ」と言って,そのデートの誘いに承諾をした。そして2人は,待ち合わせの場所と時間を決めた。ところが,Billは待ち合わせの場所に約束の時間どおりに来たが,Aliceは来なかった。

　Billは,待ち合わせの場所に約束の時間どおりに来たが,Aliceは来なかった。これは,Aliceが約束（promise）を破った事例である。この場合,BillはAliceに,「なぜ来なかった。君は約束を破った」と怒りながら言うかもしれない。

第2章 契約とは何か？（What is a Contract?）

しかし，法が，その約束（promise）に，救済（remedy）または履行（performance）を強制していない場合には，この約束（promise）は契約（contract）ではないといえる。一般に，デートの約束（promise）には，特別の事情がない限り，法が，救済（remedy）または履行（performance）を強制しない。このように，法が，その約束（promise）に法的な拘束力（legally binding）を持たせているかどうかで，契約（contract）か否かが決まる。

アメリカ契約法の重要な法源である契約法第2次リステイトメント（Restatement (Second) of Contracts）では，契約（contract）を，以下のように定義（define）している。

【Restatement (Second) of Contracts §1】

> 第1条　契約（contract）の定義（definition）
> 契約（contract）とは，1つまたは1組の約束（promise）であり，その違反（breach）に対しては法が救済（remedy）を与え，または，その履行（performance）について法が何らかの形で義務（duty）を認めるものである。

この定義（definition）では，契約（contract）には以下の3つの要件が必要とされる。
① 約束（promise）があること，
② その約束は（promise），1個でもよいし1組の束であること，かつ，
③ 違反（breach）に対して法が救済（remedy）を与えるか，または履行（performance）について何らかの形で義務（duty）を認めるもの

このように，契約（contract）とは将来に向けての約束（promise）である。したがって，現金による即時払いの物品（goods）の購入は，将来に向けての約束（promise）ではないので，契約（contract）とは言えない。
また，どのような約束（promise）に法的な救済（remedy）や履行（performance）を求めるかは，その約束（promise）または履行（performance）が，法的保護を認めるのに値するものかどうかの判断による。これについて

は，裁判所が個別具体的な事件を審議することにより，判例法理として積み重ねてきた。

特に，法的保護を認めるのに値するものか否かは，約因（consideration）があるかどうか，すなわち，その約束（promise）に，当事者同士の対価関係があるかどうかが判断基準となる。約因（consideration）については，後述する。

2. 契約法第2次リステイトメント（Restatement (Second) of Contracts）

契約の法理は，判例法（common law）の法体系の世界では，契約法という成文の法典はなく，過去に蓄積された裁判例が法源となっていた。すなわち，契約（contract）でトラブルが発生した場合，同じような過去の事件の裁判例を探し，それを基に裁判所が判断していた。このため，時間とともに裁判例が蓄積されていき，その量も多くなり，過去の裁判例を調べるためには，膨大な労力と時間を要するようになった。

また，契約法理は，伝統的に地域によって異なり，アメリカでは，州（state）ごとに契約法理が異なっていた。しかし，異なる州間における取引，すなわち州際（interstate）の取引が多くなるにつれ，その統一の必要性が叫ばれるようになった。

そのため，アメリカでは，アメリカ法律協会（American Law Institute, ALI）が中心となって，各州の契約法理と，過去の裁判例，特に先例拘束性（binding precedents）を有する重要な裁判例，すなわち判例を中心に，契約（contract）に関する法理の整理が進められ，1932年に法典の形に契約法リステイトメント（Restatement of Contracts）としてまとめられた。これが契約法第1次リステイトメント（Restatement (First) of Contracts）である。

現在，1981年の契約法第2次リステイトメント（Restatement (Second) of Contracts）が最新版である。なお，リステイト（restate）とは，過去の裁判例を収集・分析・整理して，再び記述し直したという意味である。

契約法第2次リステイトメント（Restatement (Second) of Contracts）を作成したアメリカ法律協会（American Law Institute, ALI）は，権威のある

12　第2章　契約とは何か？（What is a Contract?）

法律の専門家集団ではあるものの，任意団体であるため契約法第2次リステイトメント（Restatement（Second）of Contracts）自体には法的拘束力（legally binding）はない。しかし，すべての州（state）で，これを基に各州の契約法が作成されているため，アメリカ契約法では，実質的に権威のある法源となっており，裁判でも引用されることが多い。

3．統一商事法典（U.C.C.）第2編

アメリカ契約法上，契約法第2次リステイトメント（Restatement（Second）of Contracts）とともに重要な法源が，統一商事法典（Uniform Commercial Code, U.C.C.）である。これは，州際（interstate）の取引を円滑にするため，アメリカ法律協会（American Law Institute, A.L.I.）とアメリカ法曹協会（American Bar Association, A.B.A.）の統一州法委員会全国会議（National Conference of Commissioners on Uniform State Laws, NCCUSL）によって作成され，1949年に公表された。

統一商事法典（Uniform Commercial Code, U.C.C.）は，モデル法であり正式な法律ではないため，契約法第2次リステイトメント（Restatement（Second）of Contracts）と同様，これ自体に法的拘束力（legally binding）はない。しかし，基本的に，すべての州（state）において統一商事法典（Uniform Commercial Code, U.C.C.）が採択され，各州の法典の中に取り入れられているので，重要な法源となっている。

統一商事法典（Uniform Commercial Code, U.C.C.）の中で，アメリカ契約法上，重要な箇所は，第1編（Article 1）（総則），第2編（Article 2）（売買）及び第2A編（Article 2A）（リース）である。特に，第2編（Article 2）は，物品（goods）の取引について規定されており，物品（goods）の売買契約（sales contract）は，この第2編（Article 2）が基本となる。

重要なことは，統一商事法典（U.C.C.）第2編（Article 2）が対象とする物品（goods）は動産に限られ，不動産（real estate），建物，役務（サービス），知的財産については対象としていないことである。また，統一商事法典（U.C.C.）第2編（Article 2）の多くの条文は，当事者のどちらか一方，または両

当事者が商人（merchant）の場合を想定している。

4. 州法（State Law）

　前述のように，アメリカ契約法では，アメリカ合衆国全体に適用される連邦法（federal law）は存在しない。なぜなら，アメリカ契約法は，もともとイギリスから継受された判例法（common law）であり，アメリカ合衆国そのものが独立した州の連邦国家（federal states）で，契約法理も地域ごとに独自に発展してきたからである。

　また，アメリカ合衆国憲法（U.S. Constitution）1章8節（Article 1 Section 8）に，アメリカ連邦国家が各州から移譲（delegate）された権限が18項目記載されているが，この中に，契約（contract）に関する事項は含まれていない。このため，基本的に，州（state）ごとに契約法理が制定法（statutes）として整備されている。しかし，州（state）ごとに契約法が制定されているものの，これらはいずれも，契約法第2次リステイトメント（Restatement (Second) of Contracts）と統一商事法典（U.C.C.）第2編を基にしているので，州（state）ごとの契約法に大差はないのが現状である。すなわち，契約法第2次リステイトメント（Restatement (Second) of Contracts）と統一商事法典（U.C.C.）第2編が，各州の契約法の共通項ともいえるべきものであるといえる。

　各州に契約法が制定されているとしても，伝統的に，アメリカ契約法は判例法理であることに変わりはない。しかし，従来のコモン・ロー（common law）の法理と，制定法（statutes）の内容が抵触した場合には，制定法（statutes）が優先する。

5. 契約の種類（Type of Contracts）

　契約（contract）には，色々な種類の契約（contract）があるが，一般に，明示契約（express contract）と黙示契約（implied in fact contract）に大別される。また，正式な契約ではないが準契約（quasi-contract）または法定契

約（implied in law contract）という疑似契約がある。

(1) 明示契約（Express Contract）

明示契約（express contract）とは，意思（will）が，ことば（language）によって伝達される契約（contract）である。このことば（language）には，文書（書面）（writen）と口頭（oral）がある。

(2) 黙示契約（Implied in fact contract）

黙示契約（implied in fact contract）とは，ことば（language）によって伝達されるのではなく，意思（will）が，行為（conduct）によって伝達されるものをいう。たとえば，セルフサービスのガソリンスタンドで，ガソリンを入れる行為が，ガソリンを買うという意思表示となる。

(3) 準契約（Quasi-Contract）または法定契約（Implied in Law Contract）

準契約（quasi-contract）または法定契約（implied in law contract）は，正式な契約（contract）ではないが，契約（contract）に準じたものとして取り扱われている。たとえば，契約自体は存在しないが，当事者の一方が，相手方当事者の支出により不当利得（unjust enrichment）を得たような場合である。

不当利得（unjust enrichment）を得た当事者は，相手方当事者に対して，原状回復（restitution）として，不当利得（unjust enrichment）の額と同額を，当事者の一方に返す義務（duty）が生じる。

【事例 2-3】

> Alice は，町内会費 10 ドルを封筒に入れ，Bill 宅の郵便ポストに入れた。ところが，町内会費を渡すべき相手である町内会長は，Bill ではなく Cindy であった。

Bill は，Alice から受け取るべきはずのない町内会費 10 ドルを間違えて受け取った。この場合，Alice と Bill との間には契約（contract）がないため，契約上，Bill には Alice に 10 ドルを返す義務（obligation）はない。しかし法

は，準契約（quasi-contract）または法定契約（implied in law contract）として，Alice に 10 ドル返す義務（obligation）を負わせている。

6. 双務契約（Bilateral Contract）と片務契約（Unilateral Contract）

契約（contract）が成立するための第 1 の要件が，契約当事者である約束者（約束した方）（promisor）の申込（offer）と，もう一方の契約当事者である受約者（約束された方）（promisee）の承諾（acceptance）の一致（accordance）である。なお，約束者（promisor）を申込者（offeror），受約者（promisee）を被申込者（offeree）ともいう。

契約（contract）の申込（offer）に対する承諾（acceptance）の観点から見た場合，双務契約（bilateral contract）と片務契約（unilateral contract）に分けることができる。

(1) 双務契約（Bilateral Contract）

双務契約（bilateral contract）とは，両方の当事者が，それぞれ約束者（約束した方）（promisor）であり被約束者（受約者）（約束された方）（promisee）である。つまり，ここには相互に約束（promise）の交換（exchange）がなされている。

【事例 2−4】

> Alice は Bill に 100 ドルで万年筆を売ることを約束し，Bill は Alice から万年筆を買うことを約束した。

この事例の約束（promise）は，Alice（約束者）（promisor）が Bill（被約束者）（受約者）（promisee）に万年筆を引き渡すという約束（promise），及び Bill（約束者）（promisor）が Alice（被約束者）（受約者）（promisee）に 100 ドル払うという双方向の 2 つの約束（promise）からなる。これは，典型的な双務契約（bilateral contract）である。

(2) 片務契約（Unilateral Contract）

伝統的な片務契約（unilateral contract）では，申込者（offeror）は，相手方に対して，約束（promise）ではなく履行（performance）を要求するものである。

【事例2-5】

> AliceはBillに，自分の自動車を洗ってくれたら10ドルを支払うという約束をした。

この事例では，Aliceは，Billに対して，「はい，わかりました。自動車を洗います。」という約束（promise）をしていない。つまり，言語（language）による承諾（acceptance）をしていない。Billは，Aliceの自動車を洗うかどうかは，Billの意思次第であり，Billは，Aliceに約束（promise）していない以上，Aliceの自動車を洗う義務（obligation）はなく，Aliceの自動車を洗わなくても契約違反（breach of contract）とはならない。すなわち，実際に自動車を洗うという履行（performance）によってのみ契約（contract）が成立する。

このように，被約束者（受約者）（promisee）が，約束者（promisor）が要求した行為を完了することに対して，支払いを要求する契約を片務契約（unilateral contract）という。

ところが，近年，大半の契約（contract）が双務契約（bilateral contract）と解釈される傾向がある。具体的には，統一商事法典（U.C.C.）第2編と契約法第2次リステイトメント（Restatement (Second) of Contracts）は，伝統的な片務契約（unilateral contract）を，申込者（offeror）が，履行（performance）の完了が申込（offer）に対する承諾（acceptance）の唯一の方法であることを明白に示した場合であり，かつ懸賞の申込（offer）のような公共（public）に対する申込（offer）のときのみに限定している。

【事例2−6】

Aliceは，「行方不明の私の犬を探してくれたら，100ドル差し上げます。」という広告を，地域のコミュニティ雑誌に掲載した。

　この場合，ある人が犬を探したという履行（performance）の完了が申込（offer）に対する承諾（acceptance）の唯一の方法であることを明白に示しているので，片務契約（unilateral contract）が成立する。Billが，散歩の途中，子犬を拾ったが，この広告を見てAliceに届けた場合，Billの行為が，すなわち契約上の履行（performance）となり，この時点で契約（contract）が成立する。よってAliceはBillに100ドル支払う義務（obligation）が生じる。

7. 契約の成立（Formation of Contract）

　契約（contract）が成立したかどうかの判断は，実務上極めて重要である。なぜならば，契約（contract）が成立していれば，契約上の債務履行責任（liability to fulfill the obligation）が発生し，もし契約（contract）に違反（breach）しているとなると債務不履行（default）が追及され，損害賠償責任（liability for damages）が発生する可能性があるからである。

　一方，契約（contract）が成立していないとなると，債務履行責任（liability to fulfill the obligation）は発生しない。しかし，この場合，不法行為（tort）があったかどうかという別の法的問題を吟味することになろう。

　契約（contract）が成立しているかどうかを判断するにあたっては，基本的に，以下の3つの要素から判断する。

① 相互の同意（mutual assent）があるどうか。
　申込（offer）と承諾（acceptance）の一致（accordance）があるかどうか。
② 約因（consideration）またはそれに代わるもの（substitute）が存在したかどうか。

両契約当事者の間で，対価関係にある物の取引交換（bargained-for exchange）があるかどうか。
③ 契約（contract）の成立に対する抗弁（defense）が存在しなかったかどうか。

このように，基本的に，相互の同意（mutual assent）が確認でき，約因（consideration）またはそれに代わるもの（substitute）が存在し，かつ抗弁（defense）が存在しない場合に，裁判所は，契約（contract）が成立していると判断する。

(1) 相互の同意（Mutual Assent）

相互の同意（mutual assent）は，申込者（offeror）である一方当事者の申込（offer）を，他方当事者が承諾（acceptance）することにより成立する。そして，この相互の同意（mutual assent）が存在するかどうかは，客観的に判断される。すなわち，相互の同意（mutual assent）の客観的判断は，言語（language）または行為の履行（performance）によって契約（contract）を締結する意思を明示したか否かという基準から判断される。

【事例2-7】

> Alice は Bill に，自分の持っている本を見せ「この本をあなたに10ドルで売りたい」と言ったところ，Bill は「君のその本を10ドルで買うよ。」と言った。

Alice は Bill に，自分の本を売りたい意思を，「この本をあなたに10ドルで売りたい」という言葉（language）で伝えた。これが申込（offer）である。これに対して，Bill は「君のその本を買うよ。」と伝えた。もしくは「いいよ」と言って本を買う意思表示をした。これが承諾（acceptance）である。承諾（acceptance）した時点で Alice-Bill 間の本の売買契約（sales contract）が成立する。

(2) 約因 (consideration) またはそれに代わるもの (substitute)

約因 (consideration) とは，法的価値 (legal value) のある物の交換取引 (bargained-for exchange) が存在することである。この約因 (consideration) は，日本の契約法にはない考え方である。

贈与契約 (gift contract) は，日本の民法では典型契約の1つとして認められているが，アメリカ契約法では，契約 (contract) として認められていない。なぜなら，そこには約因 (consideration)，すなわち法的価値 (legal value) のある物の交換取引 (bargained-for exchange) が存在しないからである。

約因 (consideration) の必要性について，契約法第2次リステイトメント (Restatement (Second) of Contracts) は，以下のように規定している。

【Restatement (Second) of Contracts §71】

第71条 交換取引の必要性—交換取引の類型
(1) 約因を構成するためには，（約束に対して）履行または反対約束が交換的に取引 (bargained for) されなければならない。
(2) 履行または反対約束は，それが約束者によって約束と交換に求められ，かつ被約束者によって約束者の約束と交換に与えられる場合に，交換的に取引されることになる。
(3) 履行となるものは次のものである。
　(i) 約束以外の行為
　(ii) 不作為
　(iii) 法律関係の設定，変更，解消
(4) 履行または反対約束は，約束者のみならずその他のものに与えてもよい。また，被約束者からではなく，その他のものから与えることもできる。

【事例2-8】

AliceはBillに，「1,000ドルを，あなたにプレゼントするわよ」と言った。

AliceがBillに1,000ドルを贈与（gift）する事例である。Aliceは，この贈与（gift）で1,000ドルを出費するが，Billは1,000ドルを受け取るだけであり，Aliceに対しては何のお返しもしない。すなわち，ここには法的価値（legal value）あるものの交換取引（bargained-for exchange）がなされていないということになる。この場合，約因（consideration）がないことから，アメリカ契約法では，基本的に，このような約束（promise）を法的強制力のある契約（contract）とは認めていない。

また，約因（consideration）に代わるもの（substitute）とは，統一商事法典（U.C.C.）の下における約束的禁反言（promissory estoppel），不利益的信頼（detrimental reliance）または善意の修正のような約因（consideration）の代替物（substitute）を指す。これらについては，後述する。

(3) 抗弁が存在しないこと（No Defense）

強制力を有する契約（contract）が成立しているかどうかの判断は，相互の同意（mutual assent）が存在するかどうか，約因（consideration）またはそれに代わるもの（substitute）が存在するかどうかの判断だけでは不十分であり，最後に，抗弁（defense）が存在しないことを確認しなければならない。要するに，抗弁（defense）とは，契約（contract）の強制力を否定するものである。

この抗弁（defense）には，大きく分けて，以下の4つがある。
① 錯誤（mistake）：当事者が錯誤（mistake）をしていた場合
② 能力の欠如（capacity）：当事者が未成年（minor）などの場合
③ 違法性（illegality）：契約（contract）そのものが違法な場合
④ 詐欺防止法（Statute of Frauds）：ある一定の要件を満たしていない場合

これらに該当する場合には，相互の同意（mutual assent）や約因（consideration）があったとしても，契約（contract）には強制力がない。

8. 特定の種類の契約（Specific Types of Contracts）

　不動産（real estate）の契約（contract）には，特別の制限がある。すなわち，不動産（real estate）の申込（offer）には，土地（land）と価格（price）が特定されていなければならない。また，裁判所は，不動産（real estate）の価格（price）について，何ら補充するすることはない。

【事例 2-9】

> Alice は Bill に，Alice の農場を売る約束をしたが，Alice の農場は複数に分かれており，どの農場か特定できなかった。

　この場合，Alice の農場が複数に分かれており，売買の対象物である農場が特定されていないので，契約（contract）は成立しないといえる。
　また，物品売買契約（contract for the sale of goods）では，申込まれた数量は確定したもの，または確定することができるものでなければならない。ただし，以下の契約（contract）は成立するものとされる。

(1) 必要量購入契約（Requirement Contract）

　必要量購入契約（requirement contract）とは，買主（buyer）が特定の売主（seller）から，買主（buyer）が必要なすべての物品（goods）を購入することを約束（promise）し，売主（seller）がその量を買主に売却する契約（contract）である。ただし，その数量は合理的な数量でなければならない。

(2) 生産量一括売買契約（Output Contract）

　生産量一括売買契約（output contract）とは，売主（seller）が特定の買主（buyer）に対して，売主（seller）が生産するすべての物品（goods）を売却することを約束（promise）し，買主（buyer）がその量を売主（seller）から購入する契約（contract）である。ただし，その数量は合理的な数量でなければならない。

22   第2章 契約とは何か？（**What is a Contract?**）

練習問題

　以下の，契約法第2次リステイトメント（Restatement (Second) of Contracts）の条文を原文で読んでみよう。
1. § 1
2. § 2
3. § 45
4. § 71

第3章

相互の同意 – 申込
(Mutual Assent) – (Offer)

◆学習のねらい

　前章では，強制力を有する契約（contract）かどうかを判断するためには，①相互の同意（mutual assent），②約因（consideration）またはそれに代わるもの（substitute），③抗弁が存在しないこと（no defense），の3つが必要であることを学んだ。

　本章では，第1の要素である相互の同意（mutual assent）の申込（offer）を詳しく見ていくことにしよう。

1. 申込の定義（Definition of Offer）

　申込（offer）とは，被申込者（offeree）に申込（offer）に対する承諾（acceptance）の権限（authority）を与えるものである。また，申込者（offeror）に，申込（offer）の責任を持たせるものである。

　申込（offer）は，申込者（offeror）の特定の約束（promise）と，その約束（promise）の対価（約因）（consideration）としての被申込者（offeree）に要求する行為が表明されていなければならず，申込（offer）の内容は明確でなければならない。

【事例 3-1】

Alice は Bill に,本を 10 ドルで売りたいと伝えた。Bill は,これに対して承諾をした。

Alice が Bill に本を 10 ドルで売りたい旨伝えること（申込）(offer) は,Bill に承諾 (acceptance) の権限 (authority) を与えることである。したがって,申込者 (offeror) は被申込者 (offeree) に対して一定の合理的期待 (reasonable expectation) を与えるものでなければならない。

契約法第 2 次リステイトメント (Restatement (Second) of Contracts) は,申込 (offer) を以下のように定義している。

【Restatement (Second) of Contracts　§ 24】

第 24 条　申込の定義
　申込とは,進んで交換取引を行う意思表示にあり,相手方に対して,交換取引への同意が求められ,かつその同意によって取引が成立すると正当に理解させるようなものをいう。

申込 (offer) が被申込者 (offeree) に対して,合理的期待 (reasonable expectation) を与えるものなのかどうかは,以下の 3 つの要素から判断される。
① 約束 (promise),引受 (undertaking) または確約 (commitment) の表示があるかどうか。
② 本質的な必須条項に,確定性 (certainty) 及び明確性 (definiteness) があるかどうか。
③ 被申込者 (offeree) に対して,上記①及び②の情報の伝達 (communication) があるかどうか。

この申込 (offer) により,被申込者 (offeree) は,申込 (offer) を承諾 (acceptance) して契約 (contract) を成立させるか,または拒絶 (reject) することにより契約 (contract) を成立させない選択権が得られる。その間,申込者 (offeror) は,被申込者 (offeree) から承諾 (acceptance) が得られな

いまで，法的に不安定な状態に一時置かれることになる。

2. 申込の誘引（Invitation to Offer）

　申込（offer）に，約束（promise），引受（undertaking）または確約（commitment）の表示があったかどうか，すなわち本当に申込（offer）なのかどうかを判断する際に，実務上，判断が難しいのが，申込（offer）なのか，それとも申込の誘引（invitation to offer）に過ぎないのかの判断である。
　以下の事例で考えてみよう。

【事例3-2】

　AliceはBillに，指輪を見せ，この指輪を100ドルで売りたいと伝えた。これに対して，BillはAliceに，この指輪を100ドルで買うと返事した。

　この場合，売る指輪は確定されているし，価格も100ドルと決められている。相手もBillという特定の人である。したがって，これは申込（offer）と判断される。ところが，以下の事例のように，相手がBillと決まっていない場合はどうであろうか。

【事例3-3】

　Aliceは，自分のブログに「この指輪を100ドルで売りたい」という表示をした。

　Aliceは，指輪が100ドルで売れるのであれば，相手は誰でもいいと考えて，自分のブログに「この指輪を100ドルで売りたい」という表示をした場合である。いわゆる指輪を100ドルで売りたいという広告である。この場合には，申込（offer）ではなく，申込の誘引（invitation to offer）と判断される可能性が高い。
　同じ事例で，「この指輪を100ドルで売りたい」という広告に対して，ある人が「買います」という返事を出したとしよう。この場合，「買います」とい

う返事が申込（offer）となる。これに対して、Aliceが「了解です」といえば、これが承諾（acceptance）となる。

ところが、その後、2番目の人から「買います」という返事がきたとしよう。この時点では、1番目の人に指輪を売ってしまっているので、同じような指輪が複数ある場合を除き、指輪を売ることはできない。したがって、Aliceは、「申し訳ありません。売り切れました」と断ることができ、承諾（acceptance）しない限り、契約上の法的拘束力（legally binding）が発生しない。

もし仮に、Aliceの「この指輪を100ドルで売りたい」という広告が申込（offer）であった場合には、「この指輪、買います」という返事が、承諾（acceptance）となる。Aliceは、必ず指輪を売るという契約（contract）が成立してしまう。こうなると、100人から承諾（acceptance）の返事が来た場合、100人に指輪を売らなければならないという義務（duty）が発生してしまうことになる。

このように、不特定多数の者を対象にする広告のような場合、その表示は、通常、申込の誘引（invitation to offer）と判断される。

【事例3-4】

> Aliceは、デパートのある広告で、「1月1日、先着1名様に、時価1,000ドルのダイヤのネックレスを100ドルで売ります」と表示した。

この事例の場合は、どうであろうか。これは申込（offer）であろうか、それとも申込の誘引（invitation to offer）だろうか。この事例では、最初に来た人に100ドルで買う権利（right）が与えられているので、デパートは最初に来た人に100ドルで売る義務（duty）が生じる。すなわち、この事例では、相手が特定されていると考えることができる。したがって、これは申込（offer）と考えられる。このように、広告によっても表現の仕方によっては、申込（offer）と解される場合もある。

申込の誘引（invitation to offer）について、契約法第2次リステイトメント（Restatement (Second) of Contracts）が、以下のような事例をあげているの

で紹介しておこう。

【事例3-5】

衣料品店主 Alice は，一定数量のオーバーを50ドルで売ると広告した。これは，申込ではない。しかし，「土曜日限り，先着順」という文言を追加した場合には，この広告は申込とされる可能性がある。

【事例3-6】

Alice は，ある本を彼のもとに送ってくれたら，1冊当たり5ドルを支払うという広告を出した。これは申込であり，申込が撤回されるまで，本が送られてくるたびに1冊当たり5ドルを支払う義務を負う。

【事例3-7】

Alice が Bill に対し，「小麦の価格の見積りにつき，1バレル当たり5ドルと見積ることができる」と手紙に書いた。これは，見積りという言葉と，契約条項が不完全なことからみて，申込ではない。だが，同じ文言の手紙でも，詳細な条項を設定したうえでの問い合わせに対する返事であれば，申込とされる可能性がある。さらに，Alice が「直ちに承諾を求む」というような文言を付け加えれば，申込をする意図は間違いないものとなる。

【事例3-8】

Alice が Bill に対して，「私は家を売りたいと思っている。2万ドルなら考慮する」と手紙を書いた。Bill がすぐに「家を現金2万ドルで買おう」と返事をした。だが，契約は成立しない。Alice の手紙は，申込を求める要請または示唆にすぎない。この場合，申込をしたのは Bill である。

3. 申込の撤回（Revocation of Offer）

伝統的なコモン・ロー（common law）では，申込（offer）は，承諾（acceptance）がなされるまで自由に撤回（revocation）することができる。

すなわち，申込者（offeror）は，被申込者（offeree）に申込（offer）を行った後，被申込者（offeree）が承諾（acceptance）をする前なら，基本的に申込（offer）を自由に撤回（revocation）することができる。また，当然のことながら，撤回（revocation）された申込（offer）に対しては，承諾（acceptance）することはできない。

この申込（offer）の撤回（revocation）は，申込者（offeror）が，申込（offer）を自由に撤回（revocation）することができるとなると，いつ撤回（revocation）されたのかが重要なポイントとなる。なぜなら，申込（offer）に対して承諾（acceptance）したものの，すでに申込（offer）が撤回（revocation）された後であれば，この承諾（acceptance）は無効となり，被申込者（offeree）が法的に不安定な立場に置かれることになる。

そのため，申込（offer）の撤回（revocation）は，被申込者（offeree）に対して直接伝達することが基本とされる。なお，一般に，新聞やカタログ等で公示された申込（offer）の撤回（revocation）は，同じ通信媒体で行わなければならない。

【事例 3－9】

> Alice は，ABC 新聞に「1 月 1 日，先着 1 名様に，1,000 ドルのダイヤのネックレスを 100 ドルで売ります」と表示した。その後，直ちに ABC 新聞で，これを撤回した。

ABC 新聞に掲載された申込（offer）は，その撤回（revocation）を同じ ABC 新聞に掲載しなければならず，別の媒体，たとえば，テレビで申込（offer）を撤回（revocation）しても，その撤回（revocation）は無効である。

また，被申込者（offeree）が申込者（offeror）から，直接，撤回（revocation）の通知を受けなかった場合でも，信頼できる情報筋から，申込者（offeror）が，もはやその申込（offer）を実質的に撤回（revocation）しているとの情報を得た場合には，その申込（offer）は，間接的に撤回（revocation）されると解釈される可能性がある。

【事例3－10】

> AliceがBillに自宅を売るという申込をした後，信頼できる不動産会社の担当者から，AliceはCindyに自宅を売ったという情報を得た。

このような場合にも，申込（offer）の撤回（revocation）と解される可能性がある。なお，申込（offer）の撤回（revocation）の効力は，その情報が到達した時点で効力が発生する。すなわち，申込（offer）の撤回（revocation）に関しては，メイルボックスルール（Mailbox Rule）（発信主義）は適用されない。メイルボックスルール（Mailbox Rule）（発信主義）については，後述する。

4. 撤回（revocation）しないと約束した場合

申込者（offeror）が，申込（offer）を一定の期間，撤回（revocation）しないと約束した場合はどうであろうか。以下の4つの場合を除き，申込者（offeror）は，いつでも申込（offer）を撤回（revocation）することができる。
① オプション契約（option contract）
② 統一商事法典（U.C.C.）第2編における商人のファームオファー（firm offer）
③ 不利益的信頼（detrimental reliance）
④ 一部履行（part performance）。
以下，これらについて解説する。

(1) オプション契約（**Option Contract**）

オプション契約（option contract）とは、申込者（offeror）が、申込（offer）を撤回（revocation）しないという別の契約（contract）である。契約（contract）であるためには、約因（consideration）が必要である。そのため、通常、被申込者（offeree）は、申込者（offeror）に対して、いくらかの対価を支払うことが多い。

すなわち、申込者（offeror）が一定期間、その申込（offer）を撤回（revocation）しないという約束（promise）をし、その約束（promise）に対して被申込者（offeror）が何らかの約因（consideration）を提供すれば、オプション契約（option contract）が成立する。そうなると、申込者（offeror）は、申込（offer）を撤回（revocation）することができなくなる。

【事例3－11】

> AliceがBillに、Aliceの自宅を100万ドルで売る申込をした。ところが、BillはAliceの自宅を買うかどうか迷ってしまって、直ちに返事ができない。そこで、Aliceのこの申込を自由に撤回されないために、BillはAliceに対し1,000ドル支払い、100日間、申込（offer）を撤回しない契約を別に締結した。

この事例で、申込（offer）を撤回（revocation）されないための別途締結された別の契約（contract）が、オプション契約（option contract）である。この場合、AliceがBillに自宅を100万ドルで売るという申込（offer）は、100日間、撤回（revocation）することはできない。このように、本来の契約（contract）とは、別の独立した契約（contract）を結ぶことにより、本来の契約（contract）を撤回（revocation）させないことが可能となる。

それでもAliceが申込（offer）を撤回（revocation）した場合は、どうであろうか。Aliceは、別途締結したオプション契約（option contract）に違反したため、Billが対価として支払った1,000ドルをBillに返還する義務（duty）を生じる。ただし、元のAliceの自宅を100万ドルで売るという申込（offer）は撤回（revocation）される。

(2) U.C.C. 第2編における商人のファームオファー（firm offer）

商人間における契約（contract）では，契約（contract）の中に，「この申込は10日間有効である」旨の記載がされていた場合には，この期間内は撤回（revocation）することができない。これを商人（merchant）のファームオファー（firm offer）という。この場合の契約（contract）は，署名のある書面でなければならず，商人間の契約に限られる。

なお，撤回制限の期間が定められていない場合には，合理的な時間（reasonable time）とされるが，その期間は3か月を超えることはできない。

【事例3-12】

> Red 社が Blue 社に，Red 社の商品を100万ドルで売るという申込をした。Red 社が Blue 社に送った手紙の中に，「この申込は，そちらに届いた日から10日間有効です。」という文言を入れ，Red 社の代表者の署名を入れた。

この場合，Red 社の商品を100万ドルで売るという申込（offer）は，ファームオファー（firm offer）となり，Blue 社は，手紙が届いた日から10日間の間に，Red 社に返事をすればよいことになる。ただし，10日間を過ぎた場合には，Red 社の申込（offer）は，いつでも撤回（revocation）することが可能になる。

(3) 不利益的信頼（detrimental reliance）

不利益的信頼（detrimental reliance）とは，相手方を信頼することによって，一方当事者が損害（damage）を被るような場合である。

【事例3-13】

> Alice は Bill に対して，Alice の自宅の塗装をして欲しいという申込をした。Bill はその申込（offer）に対して，承諾する前に，Alice の家の塗装をするつもりで，Alice 宅に赴いて下調べをしたり，塗装のための梯子やペン

キを買ってきた。このような準備のための総額は，100ドルとなった。ところが，Bill が塗装を始める前に，Alice が自宅の塗装をして欲しいという申込 (offer) を撤回した。

　Alice が申込 (offer) の撤回 (revocation) をすると，Bill が損害 (damege) を被る可能性がある。Bill は，まだ承諾 (acceptance) をしていないが，Alice の言葉を信じたため，塗装のための梯子やペンキを買ってきた。このような事態が想定できる場合，合理的な期間は，撤回 (revocation) することができないとされる。もし，撤回 (revocation) されてしまったような場合，少なくとも，被申込者 (offeree) は，不利益的信頼 (detrimental reliance) の程度に応じて，救済 (remedy) を受ける資格がある。この事例の場合には，Bill は Alice に 100 ドルの損害賠償請求権を行使することができる。

(4) 一部履行 (part performance)
　片務契約 (unilateral contract) において，いったん履行 (performance) が開始された場合には，撤回 (revocation) することができない。

【事例 3-14】

　Alice は Bill に対して，Alice の自宅の塗装をして欲しいという申込をした。ただし，Alice が Bill に対して，自宅の塗装の申込 (offer) をしたが，その承諾は Bill の塗装の行為のみによって生じるとした。Bill は Alice の家の塗装をするつもりで，塗装のための梯子やペンキを買ってきて，塗装を始めた。ところが，Alice が自宅の塗装をして欲しいという申込 (offer) を撤回した。

　【事例 3-13】と同じく，Bill は Alice の自宅の塗装の義務 (duty) を負っていないので，片務契約 (unilateral contract) である。その承諾 (acceptance) は Bill の塗装の行為のみによって生じるため，Bill は，Alice の自宅の塗装に必要な梯子やペンキを買ってきて Alice の自宅の塗装を始めた。この場合，履行 (performance) がすでに開始されていると判断された場合，これ以

降の申込（offer）の撤回（revocation）はできない。

　上記の【事例3-14】では，BillがAliceの自宅の塗装をすでに始めた後は，Aliceは申込（offer）の撤回（revocation）はできないとするが，梯子やペンキを買ってきた時点でも同じように申込（offer）の撤回（revocation）はできるであろうか。すなわち，梯子やペンキを買ってきた行為が，塗装の開始とはみなされず，単なる塗装の準備行為と考えることもできる。このように，履行（performance）の開始なのか，履行（performance）の準備なのかが問題となる。この時点での申込（offer）の撤回（revocation）は，不利益的信頼（detrimental reliance）と考えることができる。

　いずれにせよ，申込（offer）を信頼したために不利益（detriment）を被った場合には，その不利益（detriment）の程度に応じて，救済（remedy）を受ける資格が生じる。

【事例3-15】　ブルックリン橋の事例

> AliceがBillに対して，ブルックリン橋を渡れば100ドル支払うという約束をした。Billがその約束を信じて橋を渡り始め，半分渡ったところで，AliceはBillに対して，その約束の撤回を伝えた。

　これは，有名なブルックリン橋の事例である。伝統的なコモン・ロー（common law）では，申込（offer）の撤回（revocation）は自由である。よって，ブルックリン橋を半分渡ったとしても，Billはブルックリン橋を全部渡る義務（duty）はなく，また承諾（acceptance）もしていないので，Aliceは自由に申込（offer）を撤回（revocation）できる。しかし，裁判所は，被申込者（offeree）が，いったん着手した場合には，たとえ完了前であっても，申込（offer）は撤回（revocation）できないと判断している。

5. 被申込者による拒絶（Rejection by Offeree）

　当然のことながら，被申込者（offeree）は，申込者（offeror）からなされた申込（offer）を，承諾（acceptance）することなく拒絶（rejection）するこ

とができる。この場合、被申込者（offeree）の拒絶（rejection）が、申込者（offeror）の申込（offer）を消滅させる。

【事例3－16】

> Alice は Bill に、自分の本を 10 ドルで売りたいと言った。しかし、Bill は断った。その後、Bill は、「やっぱり、買う」と言った。だが、Alice は、「いやだ」と断った。

この場合、Alice の申込（offer）を Bill が拒絶（rejection）した時点で、Alice の Bill に対する申込（offer）は消滅（termination）する。その後、Bill が「やはり、買う」と返事しても、すでに申込（offer）は消滅（termination）しているので、承諾（acceptance）とはならない。この場合、反対申込（counteroffer）となり、Alice は、これに対して承諾（acceptance）もしくは拒絶（rejection）することができる。

【事例3－17】

> Alice は Bill に、自分の本を 10 ドルで売りたいと言った。しかし、Bill は、「8 ドルなら買う」と言った。これに対して、Alice は「いいよ」と返事した。

この場合はどうであろうか。これは反対申込（counteroffer）と言われるもので、Alice の最初の申込（offer）を拒絶（rejection）し消滅（termination）させたうえで、新たに Bill から Alice に対して申込（offer）をしていることになる。その内容は、「Alice の本を 8 ドルで買う」という新たな申込（offer）である。

すなわち、申込者（offeror）が Alice から Bill に入れ替わり、この申込（offer）に対して、Alice は被申込者（offeree）として、承諾（acceptance）または拒絶（rejection）する権限を与えられる。なお、拒絶（rejection）も申込者（offeror）に到達した時点で効力が発生する。

【事例 3-18】

　Alice は Bill に，自分の本を 10 ドルで売りたいと言った。しかし，Bill は，「8 ドルに安くしてくれないか」と言った。Alice は「だめ」と返事した。

　Bill は「8 ドルなら買う」と言わずに，「8 ドルに安くしてくれないか」と言った場合はどうであろうか。このような言い方は，単なる質問（question）ととらえることができる。単なる質問（question）ととらえた場合には，拒絶（rejection）したことにはならないので，Alice の最初の申込（offer）は消滅していない。このように，反対申込（counteroffer）か単なる質問（question）なのかは，通常人（reasonable person）の判断が基準となる。

6. 法の適用による消滅（Termination by Application of Law）

　以下の事象のいずれかが発生した場合，法の適用（operation of laws）による申込（offer）の消滅（termination）となる。
　① 当事者のいずれかの死亡（death）または身心喪失（insanity）
　② 契約（contract）の目的物（subject matter）の喪失（destruction）
　③ 違法性の併発（supervening illegality）
　なお，①の当事者のいずれかの死亡（death）または身心喪失（insanity）は，相手方に伝達されている必要はなく，この時点で申込（offer）は消滅（termination）する。

【事例 3-19】

　Alice は Bill に，自分の本を 10 ドルで売りたいと言った。しかし，Bill は，翌日，死亡した。しかし，Alice は，その事実を知らなかった。

　この事例では，Bill が死亡したために，上記①に該当し，Alice は Bill が死亡した事実を知らなかったが，Alice の Bill に対する申込（offer）は消滅

(termination) する。

7. 不明確な申込（Unclear Offer）

　伝統的なコモン・ロー（common law）の世界では，申込（offer）は明確（clear）でなければならないとされてきた。しかし，実務の世界では，申込（offer）があいまいな場合が多くあり，このような申込（offer）に関する厳格さによって，契約当事者に契約成立の意思があるにもかかわらず，契約（contract）が不成立とされることも想定される。

　そのため，物品（goods）の取引に限り，統一商事法典（U.C.C.）第2編では，契約（contract）の条件（condition）が一部定まっていない場合であっても，①各当事者が契約（contract）を成立させる意思をもっており，かつ，②不履行の際の救済措置を合理的に確定するのに十分な根拠が備わっている場合には，その申込（offer）は内容不確定（unclear）であるという理由で無効とはならない，と規定している。

　この内容不確定な部分（たとえば，価格が未決定など）については，商取引上の標準条件（commercial standard）が適用され，補充されることになる。

　以下，具体的に，内容不確定な部分を補充する標準条件（commercial standard）を見てみよう。

　(1)　価格条件
　　①　引渡し時の合理的な価格（U.C.C. 2-305(1)）
　　②　決定できる場合には，誠実に決定する（U.C.C. 2-305(2)）
　　③　当事者が過失により決定できない場合には，相手方は契約解除もしくは①の選択権を有する（U.C.C. 2-305(3)）
　(2)　引渡条件
　　①　引渡場所：売主（seller）の営業所（U.C.C. 2-308(a)）
　　②　引渡時期：合理的な時期（U.C.C. 2-309(1)）
　　③　引渡方法（一括引渡の場合）：
　　　　売主（seller）は，契約に適合した物品（goods）を買主（buyer）の処分可能な状態に置き，買主（buyer）が引渡を受けるのに必要な通

知を合理的方法により行う（U.C.C. 2−307, U.C.C. 2−503(1), U.C.C. 2−328(1)）。

(3) 支払い条件
① 支払場所：買主（buyer）が物品（goods）の引渡しを受ける場所（U.C.C. 2−310(a)）
② 支払時期：現金（U.C.C. 2−310(a)）
③ 支払方法：一般に行われている支払い方法（U.C.C. 2−511(2)）

(4) 契約期間：合理的な期間

(5) 契約解約：
① いずれの当事者もいつでも解約することができる（U.C.C. 2−309(2)）
② 相手方に合理的な通知をすることが必要（U.C.C. 2−309(3)）

(6) 運送方法：売主（seller）が決定（U.C.C. 2−311(1)(2)）

(7) 数量：予見可能な範囲（U.C.C. 2−306）

このように，裁判所は，不確定（unclear）な部分を補充する標準条件（commercial standard）によって，できる限り当事者の意思を尊重して，契約（contract）を成立させる方向で解釈するという傾向があるといえる。

練習問題

1. 以下の契約法第2次リステイトメント（Restatement (Second) of Contracts）の条文を原文で読んでみよう。
   (1) §24
   (2) §30
   (3) §32
   (4) §39
2. 以下の統一商事法典（U.C.C.）の条文を原文で読んでみよう。
   (1) §2−305
   (2) §2−306

第4章

```
相互の同意 － 承諾
（Mutual Assent）－（Acceptance）
```

◆学習のねらい─────────────────────
　強制力を有する契約かどうかを判断するためには，①相互の同意（mutual assent），②約因（consideration）またはそれに代わるもの，③抗弁が存在しないこと（no defense），の3つが必要である。
　前章では，第1の要素である相互の同意（mutual assent）の申込（offer）について学習したが，本章では，相互の同意（mutual assent）の承諾（acceptance）を見ていくことにしよう。

1. 承諾の定義（Definition of Acceptance）

　承諾（acceptance）とは，申込（offer）に対する同意（assent）を示すことである。すなわち，承諾（acceptance）とは，双務契約（bilateral contract）の場合には，被申込者（offeree）による約束（promise）の表明であり，片務契約（unilateral contract）の場合には，被申込者（offeree）による履行（performance）である。
　なお，承諾（acceptance）の方法は，いずれも申込者（offeror）の要求した方法で，被申込者（offeree）が行わなければならない。また，承諾（acceptance）の伝達を要しないとされた申込（offer）（たとえば，履行の完了が承諾の表示方法とされたような片務契約の場合）の場合を除き，一般に，双務

契約（bilateral contract）の場合には，申込者（offeror）に対する伝達が必要である。

契約法第2次リステイトメント（Restatement (Second) of Contracts）では，承諾（acceptance）を以下のように定義している。

【Restatement (Second) of Contracts §50(1)】

> 第50条　承諾の定義
> (1) 承諾とは，申込によって求められた方法で，申込の条項に対して被申込者がなす同意の表示をいう。

【事例4－1】

> AliceはBillに，自分の自動車を10,000ドルで売りたいと言ったところ，Billが，「いいよ」と返事した。

この事例は，典型的な双務契約（bilateral contract）である。申込（offer）は，「Billに，Aliceの自動車を10,000ドルで売る」という内容であり，承諾（acceptance）は，Billの「いいよ」という同意（assent）である。この時点で契約（contract）が成立し，Aliceは，Billに自動車を引き渡すという約束（promise）に拘束され，Billは，Aliceに10,000ドル支払うという約束（promise）に拘束される。

【事例4－2】

> AliceはBillに，「あなたが私の自動車を洗ってくれたら，10ドル払うわ」と言った。

この事例は，片務契約（unilateral contract）の例である。申込（offer）は，「Aliceの自動車を洗ってくれたら，10ドル払う」という内容であり，この時点でのBillの承諾（acceptance）はない。もし，この後，Billが「いいよ」と同意（assent）すれば，これが承諾（acceptance）となり，この時点で

双務契約（bilateral contract）が成立する。しかし，Bill は Alice に「いいよ」という同意（assent）の表明をすることなく，Alice の自動車を洗った。片務契約（unilateral contract）の場合，この行為が承諾（acceptance）となる。

なお，前述のように，被申込者（offeree）が行為を始めたときに，申込者（offeror）は拘束され，求められた行為を履行（performance）するのに必要な合理的な期間（reasonable term）と機会を与えなければならない。なお，この被申込者（offeree）の履行（performance）の開始（start）を申込者（offeror）が知らなくても，申込者（offeror）は拘束される。

一方，被申込者（offeree）は，行為を始めたとしても，要求された行為を履行（performance）することを契約上拘束されない。すなわち，履行（performance）が完了しない限り，契約（contract）の承諾（acceptance）とはならず，契約（contract）が成立していない限り，途中で止めたとしても契約違反（breach of contract）とはならない。

片務契約（unilateral contract）の承諾（acceptance）については，次節で詳しく解決する。

【事例 4-3】

> Alice は Bill に，自分が手にしている本を 10 ドルで売りたいと思っていたところ，Bill が，「その本を 10 ドルで売ってくれないか」と言った。

被申込者（offeree）は，申込（offer）の内容を把握していなくてはならない。この事例の場合，Bill が，Alice が Bill に本を売るという意思を認識していたかどうかが問題となる。Alice が Bill に対し，10 ドルで本を売る場合，Bill は Alice の申込（offer）を認識している必要があり，Alice の申込（offer）を認識せずに，Bill が Alice に対し，10 ドルで Alice の本を買うという申込（offer）をした場合には，これは承諾（acceptance）とはならず，Bill の申込（offer）となる。

この事例の場合，Alice は Bill に 10 ドルで本を売るという申込（offer）をし，Bill が Alice に対し，10 ドルで Alice の本を買うという申込（offer）をし

たのだから，双方の意思が一致しているので，契約（contract）が成立するように見えるが，契約法理から見れば，単に双方の申込（offer）の内容が一致しているだけであって，承諾（acceptance）が不存在のため，契約（contract）の成立とはならない。これを交叉申込（closing offer）という。

なお，申込（offer）に対する承諾（acceptance）の権限を他人に譲渡（assign）することはできない。しかし，例外的に，オプション契約（option contract）が成立した場合，その承諾（acceptance）の権限は，譲渡（assign）することが可能となる。

2. 片務契約（Unilateral Contract）の承諾（Acceptance）

片務契約（unilateral contract），すなわち履行（performance）の完了が承諾（acceptance）を意味する場合には，契約（contract）は，基本的に履行（performance）の完了した時点で成立する。

したがって，履行（performance）が完了していない間は，契約（contract）は成立していない。しかし，いったん履行（performance）が開始された以降は，その申込（offer）は撤回（revocation）されないとすることが可能である。ただし，被申込者（offeree）は，単に履行（performance）が開始されたという理由で，履行（performance）を完了する義務（duty）を負うものではない。

また，被申込者（offeree）は，申込者（offeror）に対して，履行（performance）の開始を通知する義務（duty）はないが，一般に，履行（performance）が完了した場合は，合理的期間内に，被申込者（offeree）は，申込者（offeror）に対して，履行（performance）の完了を通知しなければならない。その時点で承諾（acceptance）となり，契約（contract）が成立する。

ただし，以下の場合には，履行（performance）の完了を通知しなくてもよい。

① 申込者（offeror）が，履行（performance）の完了の通知を放棄している場合，または，

② 履行（performance）の完了が，合理的期間内に，申込者（offeror）が

認識できる場合

【事例4-4】

> Alice は Bill に，Alice が現在住んでいる自宅を塗装してくれたら1万ドル支払うという約束をした。そこで，Bill は，Alice の自宅を塗装した。

この事例は，上記②の場合の例である。Alice が Bill に自宅の塗装をしてくれたら1万ドル支払うと言った片務契約（unilateral contract）であり，Alice が自宅の塗装の完了が認識できる場合には，Bill が，あえて Alice に履行（performance）の完了の通知をしなくてもよい。

また，Alice が Bill にクリスマスケーキを作ってくれたら 100 ドル支払うといった片務契約（unilateral contract）でも，Alice が Bill の作ったクリスマスケーキで，クリスマスをお祝いする場合も同様である。

なお，片務契約（unilateral contract）の場合も，申込（offer）の存在を認識していなければならない。

【事例4-5】

> Alice は，「行方不明になった犬を見つけてくれたら 100 ドル支払う」という広告を出した。ところが，Bill は，その広告を知らずに Alice の犬を見つけ Alice に渡した。

Bill は Alice の犬を見つけ Alice に渡したが，Bill が，「行方不明になった犬を見つけてくれたら 100 ドル支払う」という Alice の申込（offer）を知らなかった場合，Bill には 100 ドルの請求権は有しない。

もちろん，Alice が Bill に報酬としてドル 100 支払うといい，Bill がそれを受け取ることは可能だが，Alice が 100 ドルの支払いを拒んだ場合，Bill は 100 ドルを受け取ることはできない。このように，申込者（offeror）の申込（offer）の認識をしていなかった場合は，それが承諾（acceptance）と同じ結果となったとしても，それは承諾（acceptance）にはなりえず，契約（contract）が成立していたとはいえない。

3. 調整（Accommodation）

　たとえば、「物品を送ってください」という場合、物品（goods）の発送は承諾（acceptance）となる。申込まれた物品（goods）とは異なる物品（goods）を送った場合も、原則、承諾（acceptance）となる。すなわち、契約（contract）に適合しない物品（goods）の発送も承諾（acceptance）と解する。ただし、契約違反（breach of contract）となる。

　契約（contract）に適合しない物品（goods）の発送を調整（accommodation）として、「A商品が今ないからB商品を送ります」と売主（seller）から買主（buyer）に通知した場合は、買主（buyer）は調整（accommodation）の物品（goods）を受領する必要はなく、拒絶（rejection）することができる。すなわち、承諾（acceptance）とはならない。この場合、契約違反（breach of contract）とはならず、売主（seller）は買主（buyer）に対して、調整物品（accommodation goods）の返却を求めることができる。

　このように、調整（accommodation）とは、現在の発送または迅速な発送を求める買主（buyer）の申込（offer）に応じて、売主（seller）が、買主（buyer）を助けるために、その通知をした上で不適合品を発送することである。この場合、「A商品が今ないからB商品を送ります」と売主（seller）が買主に（buyer）通知することが、買主（buyer）の拒絶（rejection）と反対申込（counteroffer）となり、買主（buyer）が、それでも良いとして受け取れば、それが承諾（acceptance）となり契約（contract）は成立する。しかし一方で、買主（buyer）が、「それでは困る」として物品（goods）の送付を拒むこともできる。この場合は、売主（seller）の反対申込（counteroffer）の拒絶（rejection）となり、契約（contract）は成立しない。

　すなわち、「A商品が今ないからB商品を送ります」という状況においては、売主（seller）は反対申込（counteroffer）をなしていることになり、買主（buyer）はそれに対して受領または拒絶（rejection）することができる。申込（offer）に対して発送の約束（promise）をし（この時点で承諾）、特定の物品（goods）が欠品していることに気付き、契約（contract）に適合して

いない物品（goods）を調整（accommodation）として発送する場合は，契約違反（breach of contract）であり，調整（accommodation）ではない。

【事例4-6】

> Red 社は Blue 社に，Blue 社製のネジを 1,000 本注文した。ところが，Blue 社には Blue 社製のネジの在庫がなくなっていたので，Red 社に「とりあえず White 社製のネジを 1,000 本送りますが，いいでしょうか」と聞いた。Red 社の返事は，「それでもいいから，明日までに送ってください」というものであった。

この場合，White 社製のネジ 1,000 本を送るというのが反対申込（counter-offer）となり，Red 社がそれに承諾（acceptance）をした形になる。

4. 鏡像原則（Mirror Image Rule）

伝統的なコモン・ロー（common law）では，申込者（offeror）の申込（offer）に対して，被申込者（offeree）の承諾（acceptance）は，鏡の像（mirror image）のように，完全に一致していることを要求していた。これを，鏡像原則（Mirror Image Rule）という。

もし，申込（offer）の内容に少しでも変更を加えて返事した場合には，それは承諾（acceptance）とはみなされず，反対申込（counteroffer）となった。伝統的な契約法では，少しでも申込（offer）と承諾（acceptance）に差異があった場合には，承諾（acceptance）とは認めず，拒絶（rejection）または反対申込（counteroffer）として扱ってきた。反対申込（counteroffer）は，相手方からの新たな申込（offer）である。このように，コモン・ロー（common law）上の伝統的な契約法は，申込（offer）と承諾（acceptance）の一致を厳格（strictly）に解釈してきたという経緯がある。

しかしながら，複雑化した現実の取引では，申込（offer）と承諾（acceptance）が，完全に一致していないことも稀ではなく，ビジネスの世界では，それでも実際の契約（contract）として成立していることも多い。

このため，統一商事法典（U.C.C.）第2編では，商人間の取引においては，伝統的な鏡像原則（Mirror Image Rule）を破棄し，被申込者（offeree）が，申込（offer）に対する承諾（acceptance）の際に，追加条項（additional terms）や異なる条項（different terms）を提示したとしても，それだけの理由をもって承諾（acceptance）を否定することを避けた。

ただし，統一商事法典（U.C.C.）第2編は，物品（goods）の取引にのみ適用されるので，物品（goods）以外のものには適用されないことに注意を要する。たとえば，土地の取引には，統一商事法典（U.C.C.）第2編は適用されず，伝統的なコモン・ロー（common law）上の鏡像原則（Mirror Image Rule）に則った契約（contract）となる。

すなわち，物品（goods）の購入または売却の申込（offer）について，追加条項（additional terms）や異なる条項（different terms）を伴う承諾（acceptance）であっても，承諾（acceptance）として認められ，契約（contract）が成立する。なお，どのような追加条項（additional terms）や異なる条項（different terms）が，契約（contract）の一部になるかどうかについては後述する。

このように鏡像原則（Mirror Image Rule）を排除した場合，実務の世界では，契約当事者間で，異なる契約条件（condition）を記した契約書を双方でやりとりすることがある。これは，書式の抵触（battle of forms）と呼ばれ，異なる条件（condition）が承諾書に記されていたとしても，承諾書の返送を反対申込（counteroffer）とはみなさず，承諾（acceptance）として認めている。ここにも，裁判所の，できるだけ契約（contract）として認めるという傾向がみられる。

5．発信主義（Mailbox Rule）

申込者（offeror）は，申込（offer）の中で承諾（acceptance）が効果を生じさせる時期を特定することができる。たとえば，申込者（offeror）は，自分のところに送付されるまでは承諾（acceptance）としての効果を生じさせないという条件（condition）を申込（offer）の中に追加しておくことは可能である。

しかしながら，郵便など，承諾（acceptance）の通知を発信してから相手方に到達するまで，相当な時間を要する場合，発信主義（Mailbox Rule）が適用される。

すなわち，申込（offer）に対する承諾（acceptance）の効力は，承諾（acceptance）の通知をポストに入れた時に効力が発生する。ただし，発信主義（Mailbox Rule）が適用されるのは，通信媒体が郵便などの場合で，口頭や電子メールの場合は，原則どおり到達主義となる。

郵便などの場合でも，以下のように，発信主義（Mailbox Rule）が適用されず，到達主義がとられる場合がある。
① 承諾（acceptance）が申込者（offeror）に届くまで効力を発しないことが申込（offer）に明示されている場合
② オプション契約（option contract）が含まれている場合（オプション契約がある場合，本来の契約は承諾（acceptance）が申込者（offeror）に届くまで効力を発しない）
③ 被申込者（offeree）が，拒絶（rejection）の発信をした後に，承諾（acceptance）の発信をする場合（先に届いた方に，効力が発生する）

なお，被申込者（offeree）が承諾（acceptance）の発信をした後に拒絶（rejection）の発信をする場合で，拒絶（rejection）が先に到着したときは，申込者（offeror）に，このことにより不利益的信頼（detrimental reliance）が生じていなければ，発信主義（Mailbox Rule）が適用され，承諾（acceptance）が有効となる。

【事例 4-7】

> カリフォルニア州在住の Alice が，ニューヨーク州在住の Bill に 10 ドルで本を売るという申込を郵送でした。Bill が「10 ドルで本を買う」という承諾の発信をした後に，「やはり，いらない」という拒絶の発信をした。ところが，承諾の通知よりも，拒絶の通知の方が先に，申込者に届いてしまった。

この場合，発信主義（Mailbox Rule）が適用され，承諾（acceptance）の通知が有効となる。なお，発信主義（Mailbox Rule）は，郵送など到達までに時

間がかかる通信媒体を用いた承諾（acceptance）についてのみ適用され，拒絶（rejection）や撤回（revocation）には適用されない。よって，拒絶（rejection）の通知の方が先に，申込者（offeror）に届いてしまったとしても，それよりも承諾（acceptance）の発信が早ければ，承諾（acceptance）が有効となる。

では，認められていない手段による承諾（acceptance）は有効であろうか。

【事例 4-8】

> Alice が Bill に，申込の中で承諾の通知は電子メールですることを条件に入れておいた。ところが，Bill はそれを失念しており，郵便で承諾の通知を送った。

この場合，通信媒体が郵便といえども，発信主義（Mailbox Rule）は適用されず，到達主義となり，承諾（acceptance）が Alice に到達した時点で，有効となる。なぜなら，承諾（acceptance）の通知は電子メールですることが条件（condition）とされていたからである。

6. 沈黙（silence）による承諾（acceptance）

基本的には，沈黙（silence）は承諾（acceptance）とはならない。しかし，一定の状況下においては，沈黙（silence）が承諾（acceptance）となることがある。以下，契約法第 2 次リステイトメント（Restatement (Second) of Contracts）§69 が例示している事例を紹介しよう。

【事例 4-9】

> Alice は Bill の子供に，数回バイオリンのレッスンを行っていた。Alice は合計 20 回のレッスンをして，それに対する報酬を請求するつもりであった。Bill は Alice の指導を求めたわけではなかったが，そのレッスンの継続を黙認し，また Alice の意図を知っていたはずであった。このような場合，Bill はレッスン料の支払いを義務付けられる。

48　第 4 章　相互の同意 － 承諾（Mutual Assent）－（Acceptance）

【事例 4－10】

　Alice と Bill に，Alice の所有している馬を 250 ドルで売りたいと思い，「私の馬を 250 ドルでお譲りします。たぶん，あなたは私に返事をすることが手間だと思いますので，承諾の場合は返事はいりません。」という手紙を書いた。Bill は，何も返事をしなかった。この場合，沈黙は承諾とはならず，契約は成立していない。

【事例 4－11】

　Alice と Bill との間には，これまで何度も取引があり，その間，Bill が Alice のセールスマンとしての勧誘に応じて注文していた。Alice は，Bill に通知する必要もなく，Alice は，直ちに Bill に商品を送っていた。今回，これまでと同じ方法で Alice は Bill の注文を受けたが，それに対して Alice は何もしなかった。Bill は，Alice が商品を送ってくるものと信じて待っていた。このような場合，Alice は注文を受ける義務（duty）を負う。

【事例 4－12】

　Alice は Bill にある本を送付し，「この本を購入する場合には，1 週間以内に 10 ドルの小切手を送付してください。購入しない場合には，その旨通知を下されば，返信用封筒を送付します。」という手紙を添えた。この本を見ただけで単に本棚に置いて，Alice からの連絡を待っていただけでは契約は成立しない。Bill がこの本を妻にプレゼントしたような場合には，承諾となる。

練習問題

1. 以下の契約法第 2 次リステイトメント（Restatement (Second) of Contracts）の条文を原文で読んでみよう。
   (1)　§50

(2)　§54
　(3)　§56
2.【事例4−9】から【事例4−12】の違いについて考えてみよう。

第 5 章

約　因
(Consideration)

◆学習のねらい

　わが国では，約因（consideration）という概念はなく，契約当事者の意思の合致（meeting of the minds）だけで契約（contract）が成立する。しかし，アメリカでは，約因（consideration），すなわち，法的価値（legal value）のある物の交換取引（bargained-for exchange）が存在することが必要である。このように，約因（consideration）の法理は，アメリカ契約法のもっとも特徴的なものである。
　本章では，約因（consideration）の法理について詳しく見ていくことにしよう。

1．約因とは何か？（What is Consideration?）

　アメリカ契約法で，もっとも特徴的なものが約因（consideration）である。法的な強制力のない単なる道徳的な約束（promise）と，法的な強制力を持つ約束（promise）の違いは，約因（consideration）が存在するか否である。すなわち，法が保護を与える契約（contract）と区別するものが，約因（consideration）の存在である。
　約因（consideration）とは，法的価値（legal value）のある物の交換取引（bargained-for exchange）が存在することであり，アメリカ契約法において，

契約に法的強制力を持たせる要素として、相互の同意（mutual assent）、抗弁の不存在（no defense）と並んで不可欠のものである。

約因（consideration）を構成する要素として、以下の2つがある。
① 当事者間に交換取引（bargained-for exchange）があること、かつ、
② 交換されたものに法的価値（legal value）があること

なお、約因（consideration）は、契約（contract）の当事者双方に存在しなければならないが、約因（consideration）による利益は、すべての当事者が受けることを要しない。すなわち、約因（consideration）は、被約束者（受約者）（promisee）から提供される必要はなく、また約束者（promisor）がそれを受領する必要もない。

たとえば、契約（contract）の当事者以外の第三者が、約因（consideration）の存在により利益（contract）を受ける場合も有効な契約となる。これについては、第11章の「契約における第三者の権利と義務」で詳しく説明する。

また、贈与（gift）のように、一方当事者のみが履行義務を負うことになった場合は、約因（consideration）がないため契約（contract）としての法的強制力がない。これを疑似約束（illusory promise）という。

2. 交換取引（Bargained-for Exchange）

交換取引（bargained-for exchange）とは、申込者（offeror）及び被申込者（offeree）の双方に、何らかの不利益（detriment）をもたらすことである。すなわち、双方が何らかの負担を負うことである。

【事例5-1】

> AliceがBillに10ドルで本を売るという約束をし、Billは10ドルで本を買うという約束をした。

この場合のAliceの負担は、本の所有権を失うことであり、Billの負担は10ドル失うことである。交換取引（bargained-for exchange）により、申込者

第5章 約因（Consideration）

（offeror）及び被申込者（offeree）の双方に不利益（detriment）をもたらすものである。

【事例 5-2】

> Alice が Bill に，無償で本をプレゼントするという約束をし，Bill はそれに承諾をした。

この場合の Alice の負担は，本の所有権を失うことであるが，Bill の負担は何もない。すなわち，このような贈与（gift）には，法的価値（legal value）のある物の交換取引（bargained-for exchange）が存在しないので，約因（consideration）が存在せず，契約（contract）とは認められない。

すなわち，法的拘束力のない単なる約束（promise）となり，この約束（promise）を破ったからといって，契約違反（breach of contract）により相手方に損害賠償（compensation for damages）を請求することはできない。契約（contract）として認められるためには，双方に何らかの交換取引（bargained-for exchange）が必要となる。

なお，この法的価値（legal value）のある物の交換取引（bargained-for exchange）は，必ずしも経済的なものである必要はなく，相手方に満足を与えるものであればよい。

契約法第2次リステイトメント（Restatement (Second) of Contracts）は，交換取引（bargained-for exchange）について，以下のように規定している。

【Restatement (Second) of Contracts　§71】

> 第71条
> (1) 約因を構成するためには，履行または反対給付が交換的に取引されなければならない。
> (2) 履行または反対給付は，それが約束者によって約束と交換に求められ，かつ，受約者によって約束者の約束と交換に与えられる場合に，交換的に取引されることとなる。

(3) 履行となるものは次のものである。
  (a) 約束以外の行為
  (b) 不作為
  (c) 法律関係の設定，変更，解消
(4) 履行または反対給付は，約束者のみならずその他の者に与えてもよい。また，被申込者からではなく，その他の者から与えることもできる。

3. 不明確な約因（Unclear Consideration）

　Alice が Bill に 10 ドルで本を売るという約束（promise）をし，Bill は 10 ドルで本を買うという約束（promise）をした場合，これらの行為はすべて将来に行われるものであって，過去に行われたものではない。

　では，ある人が病気になり，その人を自主的に助け，それに対する対価の支払いを約束（promise）した場合の約束（promise）には，約因（consideration）があるのであろうか。また，過去に行われた事実に対する約因（consideration）は有効なのであろうか。以下，実際に起こった事件を見て検討してみよう。

【事例 5-3】　Mills v. Wyman 20 Mass. (3 Pick) 207 (1825)

　1821 年 2 月 5 日，25 歳の青年 Levi Wyman は，長い間，実家から離れて暮らしていたが，外国からの航海の帰りにコネチカット州ハートフォード市で，急病で倒れてしまった。お金もなく困っていたところ，原告（plaintiff）である Daniel Mills が住居と食事を提供し，医者に往診させ看病にあたった。ところが 2 月 20 日に看護のかいなく Levi は死亡した。

　このことを Mills から手紙で知らされた Levi の父，Seth Wyman は，24 日に Mills に手紙を書き，息子の世話にかかった費用を払うことを約束した。ところが，この約束が果たされなかったので，Mills は訴えを提起し，Mills は，マサチューセッツ州最高裁に上告した（1972 年まで二審制）。

　この訴訟では，この約束（promise）に約因（consideration）があるかどう

かが争われた。Daniel Mills は Levi Wyman に対し，住居と食事を提供し，医者に往診させ看病した。これに対し，Levi Wyman の父親の Seth Wyman は，息子の世話にかかった費用を払うことを約束（promise）した。この約束（promise）に約因（consideration）があるのだろうか。

Daniel Mills の Levi Wyman に対する一連の行為は，Levi Wyman の要請によって行われたものではなく，見かねた Daniel Mills が行ったものである。いうなれば，Daniel Mills は，善きサマリア人としての行為を果たしたのである。

この行為に対して，父親の Seth Wyman は，息子の世話にかかった費用を払うことを約束（promise）した。その後，両者との間にどのようなやり取りがあったのか詳細は不明であるが，これを果たさなかったとして，Daniel Mills は父親の Seth Wyman を訴えた事件である。裁判所は，Daniel Mills は道徳的な義務（moral obligation）を行ったにすぎず，過去の約因（past consideration）は存在しないと判断した。

すなわち，Daniel Mills の Levi Wyman に対する一連の行為は，すでに履行（performance）されたものであり，父親の Seth Wyman が約束（promise）した時点では，交換的に取引されたものは存在せず，約束（promise）の時点での将来に対する約因（consideration）は，存在しなかったということになる。

このように，すでになされた道徳的な行為に関する事柄との交換の約束（promise）は，約因（consideration）としては認められず，強制力を持たないということになる。すなわち，父親の Seth Wyman の約束（promise）は，最初から約因（consideration）は存在しなかったと裁判所は判断した。

なお，この事件には後日談がある。最近の調査結果では，Levi は病から回復し，3月1日頃に Mills のもとを去ったそうである。また，父が Mills に書いた2月24日付けの手紙の一部に，「今のところそちらに行くことができないので，あなたが息子にできる限りの介護をしていただければと思います。息子をお宅に置いておけないのなら，どこか好都合な場所に移していただければと思います。その費用を息子があなたに弁済できないのであれば，私がします (If he cannot satisfy you for it, I will.)」という内容であったそうである。

3. 不明確な約因（Unclear Consideration）　55

この後日談の内容まで入れると，果たして約因（consideration）は存在しなかったと言い切れるかどうかは疑わしい。

では，次の事例では，どうであろうか。

【事例5－4】　Webb v. McGowin, 27 Ala. App. 82, 168 So. 196（1935）

> 1925年8月3日，W.T. Smith製材会社の従業員であったWebbは，製材所の2階で作業をしていた。Webbが75ポンドの重さの木材を投下しようとしたところ，下に社長のJ. Greeley McGowinがいるのを発見した。このまま落下させると，社長は死亡するか重傷を負うことが予想された。そこで，Webbは木材の落下位置を変えるため，木材と一緒に落下することによって社長を助けようとした。社長は無傷であったが，Webbは重傷を負い，その後，働けない体になってしまった。
>
> 同年9月1日，Webbが社長を助けたこと，及び重傷を負ったことを約因として，社長はWebbに生活費として2週間ごとに15ドルを生涯にわたり支払うという契約を結んだ。その後，1934年1月1日に社長が死亡するまで支払いは続けられたが，その後支払われなくなった。
>
> Webbは，社長の遺言執行人（executor）である，N.F. McGowinとJ.F. McGowinに支払いを求めたが断られたため，訴訟を提起した。

契約（contract）とは，将来に対する約束（promise）である。よって，過去に起きた行為に関しては，約因（consideration）がなく強制力を有しない。しかし，Webbは，自分の身を犠牲にして社長のJ. Greeley McGowinの生命を救った。その結果，Webbは重傷を負い，その後，働けない身体になってしまった。

社長のJ. Greeley McGowinは，自分の命を救ってくれたWebbに対する感謝の気持ちからのものである。J. Greeley McGowinが長く生きていれば，また遺言を残していれば，Webbは，その後も2週間ごとに15ドルを生涯にわたり手にしていたことであろう。

確かに，過去に起きた行為に関しては，約因（consideration）がなく強制力を有しないが，裁判所は，過去の約因（past consideration）であっても，

道徳的義務（moral obligation）を伴うものに関しては約因（consideration）があると判断した。

過去に受けた利益に対する約束に関し，契約法第2次リステイトメント（Restatement（Second）of Contracts）は，以下のように規定している。

【Restatement（Second）of Contracts　§86】

第86条
(1) 約束者が受約者から受けた過去の利益に対して，何らかの約束をした場合，正義に反する結果となることを防ぐために必要な限度で拘束力を有する。
(2) ただし，約束は，以下の場合または限度において，第(1)項による拘束力を有さない。
　(a) 受約者が贈与としてその利益を与えた場合，もしくは他の理由で約束者が不当利得（unjust enrichment）したと言えない場合，または，
　(b) 約束の価値が，受けた利益に比べて大きすぎる限度において。

出訴期限法（statute of limitations）のように過去の義務が強制力をもたない場合でも，新たな約束（promise）を書面（in writing）で行う，または一部履行（partial performance）されていれば，その義務を強制させることができる。なお，出訴期限法（statute of limitations）とは，一定の期間内に法律行為を行うことのできる期間を定めた法律であり，わが国の時効に相当する。

また，最近の傾向としては，過去の行為が，約束者（promisor）に利益を与え，約束者（promisor）の要求に基づき，または緊急に対応して被約束者（受約者）（promisee）によって履行（performance）された場合，被約束者（受約者）（promisee）の行為に対して報酬を支払うという後続の約束は強制力を有するとされる。

4. 約因の法的価値（Legal Value of Consideration）

　約因（consideration）とは，法的価値（legal value）のある物の交換取引（bargained-for exchange）が存在することであるが，交換取引（bargained-for exchange）に法的価値（legal value）があるかどうかは，基本的に当事者同士の認識と同意（assent）によるものであり，裁判所は，その法的価値（legal value）について調査することはない。

　つまり，裁判所は，その対価関係に関して，同等な価値を持つものかどうかは判断せず，契約当事者の意思に任せている。たとえば，1,000ドルの市場価値があるものを，当事者間で，10ドルで取引しても，それは当事者間の問題であり，裁判所は，それについて何ら判断を下さない。

　また，法的価値（legal value）が，現在では存在しない場合でも，少しでも法的価値（legal value）が存在する可能性があれば，約因（consideration）は認められる。裁判所の法的価値（legal value）の有無の判断は，当事者に不利益（detriment）が存在するかどうかで判断する。

　具体的には，その不利益（detriment）は，法的義務のない行為をする，または法的権利のある行為をしないことも含む。以下，具体的な事件を見てみよう。

【事例5-5】　Hamer v. Sidway, 124 N.Y. 538, 27 N.E. 256（1891）

　1869年3月，15歳のWilliam E. Story, 2dは，祖父母の金婚式パーティに出席していた。その席で叔父のWilliam E. Story, Sr. は，甥のWilliam E. Story, 2dに，21歳になるまで，酒を飲まずたばこを吸わず，賭けトランプなどの賭博をしないなら，5,000ドルを与えると言った。これに対し，甥のWilliam E. Story, 2dは，叔父のWilliam E. Story, Sr. に実行できるよう努力すると言った。

　1875年，甥は叔父に，「僕は今日21歳になりました。合意に従って5,000ドルが僕に支払われるべきであると信じています。僕は，約束どおりに生活してきました。」と手紙を書いた。これに対し叔父のWilliam E. Story, Sr.

は,「君が約束を守って生活をしてきたことにいささかの疑問を抱いていない。約束どおりに君は間違いなく5,000ドルを手にするだろう。君が21歳になった日にお金を銀行に預けた。君が自分で扱うことができると私が思う時まで預けておくことにする。私が君に決してさせたくないことは,何か投機的なことに手を出してそのお金を失うことである。」と返事を書いた。ところが,この12年後に,叔父はお金を支払わないまま死亡した。

甥の William E. Story, 2d は,この債権を妻に譲渡し,妻は原告(plaintiff)である Hamer に譲渡した。Hamer は,遺言執行人である Sidway に5,000ドルを支払うよう要求したが断られた。そこで,Hamer は,Sidway を訴えた。

　この事件で争点になったのが,約因(consideration)の存在である。はたして,約因(consideration)は存在するのであろうか。一見すると,単なる贈与(gift)のように見えるが,甥の William E. Story, 2d は,5,000ドルを得るために,21歳になるまで,酒を飲まずたばこを吸わず,賭けトランプなどの賭博をしないという約束(promise)を果たした。これが,約因(consideration)として妥当であるかどうかが問われた。

　これに対し,裁判所は,禁煙や飲酒は法的な権利であり,一定期間,このような行動の自由を制限されたということも約因(consideration)として十分であると判断した。また,21歳になるまで,酒を飲まずたばこを吸わず,賭けトランプなどの賭博をしないという約束(promise)が約束者(promisor)にとって利益であるかどうかは重要ではないと判示した。

　すなわち,21歳になるまで,酒を飲まずたばこを吸わず,賭けトランプなどの賭博をしないという約束(promise)が,本来自由であるはずの自由を William E. Story, 2d から奪い,それが彼の不利益(detriment)となっているので,それが約因(consideration)を構成すると裁判所は判断したのである。

　以上のように,約因(consideration)は,当事者に不利益(detriment)が存在するかどうかで判断するが,前述のように,その約因(consideration)の法的な対価に関する相当性について,裁判所は議論しない。たとえ,自動車の対価が1粒の胡椒(こしょう)であっても約因(consideration)として十

分である。そのため，この原則を「胡椒（こしょう）の実の法理」（peppercorn theory）という。

5. 既存の法的義務（Existing Legal Obligation）

既存の法的義務の履行（performance），または履行（performance）の約束（promise）をすることは，約因（consideration）とはならない。これは，既存義務のルール（pre-existing duty rule）と呼ばれるアメリカ契約法の基本原則である。

【事例5－6】

> Alice が Bill に 5,000 ドルで納屋を作って欲しいと申込み，Bill がそれを承諾した。ところが，Bill は 5,000 ドルでは赤字になることに気づき，Alice に 6,000 ドルでなければ納屋は作らないと言った。収穫の時期を迎え，雪が降る冬までに，Bill 以外の業者を見つけることができないと思った Alice は，Bill に 6,000 ドル払うという約束をした。その後，納屋が完成したので，Alice は Bill に 6,000 ドルではなく 5,000 ドルを支払った。しかし，Bill は 6,000 ドルを要求した。

このようなケースは，ビジネスの世界では少なくない。特に，請負契約の場合には，最初の見積もりが甘かったり，予定通りに工事が進まず，人件費や資材などがかさんで費用が当初の予定をオーバーする場合がよくある。このような場合，請負業者は依頼人に対して，追加料金を請求して来る場合が多い。

この事例の場合には，Alice は Bill に残りの 1,000 ドルを支払う必要はないといえる。なぜなら，追加料金の 1,000 ドルに対する法的価値（legal value）の交換がなされておらず，約因（consideration）が存在しないからである。もちろん Alice は Bill に 6,000 ドルを支払ってもよいが，5,000 ドルしか支払わないと言った場合には，Bill は残り 1,000 ドルを請求しても請求権はない。

このようにアメリカ契約法では，約因（consideration）の存在が重要なポイントとなる。約因（consideration）の法理は，日本法にないため注意を要

する。このような事態を避けるためには，実務的には，再度，契約（contract）を締結し直すことが考えられよう。

【事例 5-7】

> Alice が Bill に 5,000 ドルで納屋を作って欲しいと申込み，Bill がそれを承諾した。ところが，Bill は 5,000 ドルでは赤字になることに気づき，Alice に 6,000 ドルでなければ納屋は作らないと言った。その後，第三者である Cindy が，Bill に追加で 1,000 ドルを支払う約束をした。

上記【事例 5-7】で，第三者である Cindy が，Bill に 1,000 ドルを支払う約束をしたケースである。この場合，Bill は Cindy に 1,000 ドルを請求できるであろうか。多くの裁判所は，1,000 ドルの支払いを強制すると判断している。なぜなら，もとの 5,000 ドルの契約では，Bill は Cindy に対して何ら義務を負っていないからである。

では，契約当事者が，契約締結時に予見できなかったような事態が生じた場合はどうであろうか。たとえば，予見不可能な急激な原材料の高騰があり，既存の契約代金では商品が提供できないような場合である。このような場合は，締結された契約（contract）を見直して，新たな契約（contract）を締結することが考えられる。

未履行契約の変更に関して，契約法第 2 次リステイトメント（Restatement (Second) of Contracts）は，以下のように規定している。

【Restatement (Second) of Contracts　§ 89】

> 第 89 条
> 　いずれの当事者も完全には履行を完了していない契約上の義務を変更する約束は，以下の場合または限度において拘束力を有する。
> 　(a) 当該変更が，もとの契約当時に当事者が予測しなかった事情に照らして，公正かつ衡平である場合，または，
> 　(b) 制定法に定めのある限度において，または，
> 　(c) 当該約束を信頼して，すでになされた重大な地位の変更からみて，約束

の実現が正義にかなう限度において。

　既存の法的義務の原則には、いくつかの例外がある。たとえば、新たな約因（consideration）や異なる約因（consideration）が約束（promise）された場合には、約因（consideration）があるとされ、強制力を有する。また、未成年（minor）の契約（contract）を成人後に追認（ratify）する契約（promise）も約因（consideration）があるとされ、強制力を有する。
　同様に、詐欺（fraud）にもかかわらず契約（contract）を実行する約束（promise）も強制力を有する。すなわち、これらは取消しうる義務（voidable obligation）を追認（ratify）することにより、強制力を有する。また、既存の約束（promise）が約束者（promisor）でなく、第三者（third party）に帰属する場合も同様である。
　約因（consideration）の中に、訴権の放棄（forbearance to sue）が入っていた場合はどうであろうか。約因（consideration）が、相手方に対して訴えを起こさないということも、不利益（detriment）を被っているので約因（consideration）として認められる。

【事例5-8】

> Aliceが「誘拐された娘を救出してくれたら10,000ドルの報奨金を出す」と言ったところ、警察官のBillがAliceの娘を救出した。

　この場合、AliceはBillに10,000ドルの報奨金を出してもよい。しかし、Aliceが拒んだ場合、Billには10,000ドルの報奨金の請求権はない。なぜなら、Billは現役の警察官であり、Aliceの娘を救出するという法的義務の行為だからである。

6. 約束的禁反言（Promissory Estoppel）

　契約理論上、契約（contract）に法的強制力（legally binding）を持たせるには、約因（consideration）が必要である。よって、約束（promise）に、約

因（consideration）がなければ契約（contract）とは認められず，法的強制力（legally binding）はない。

しかし，法的強制力（legally binding）がないからといって，それで救済（remedy）の道が閉ざされたわけではない。事実関係により，約因（consideration）がなくとも，一定の約束（promise）は強制力を持つこともある。このように，約因（consideration）がないために契約（contract）として認められず，債務不履行（default）による損害賠償請求が認められなかったケースであっても，救済（remedy）する可能性を残している。これが約束的禁反言（promissory estoppel または equitable estoppel）の法理である。

この約束的禁反言（promissory estoppel）の判断は，正義に反する結果が発生するかどうかによる。すなわち，約束的禁反言（promissory estoppel）とは，単なる約束に法的強制力がないからといって，その約束を履行（performance）しないとすると，正義に反する結果が生じることになった場合，この約束を（promise），強制力を持つものとして扱うという法理である。

また，不利益的信頼（detrimental Reliance）とは，約束者（promisor）の約束（promise）を相手方が信頼した結果，相手方が不利益（detriment）を被った場合には，不利益的信頼（detrimental reliance）として，約束者（promisor）は相手方である被約束者（受約者）（promisee）に対して損害賠償責任（liability for damages）を負うという法理である。

約束的禁反言（promissory estoppel）が適用される要件としては，以下のものがある。

① 約因（consideration）の存在しない一方的な約束（promise）がなされたこと。
　たとえば，次の休日にスキーに連れて行ってあげると約束（promise）したこと。

② 受約者（promisee）または第三者（third party）に約束に対する信頼を引き起こし，それに基づいて何らかの不利な地位の変更をきたしたこと。
　たとえば，スキーに連れて行ってあげると言われたので，スキー用具一式を購入したこと。

③ 約束者（promisor）は，受約者（promisee）が約束者（promisor）の約束（promise）を信頼して，受約者（promisee）の不利な地位変更を受約者（promisee）または第三者（third party）が行うと予見できたはずであること。

たとえば，約束者（promisor）が，上記②の例の受約者（promisee）の行動を予見できたこと。

④ 約束（promise）に拘束力を否定することが正義に反すること。

たとえば，スキー用具一式の購入代金を支払ってあげないことが正義に反すること。

このように，基本的には，約因（consideration）の不存在により契約（contract）が成立しなかった場合，契約（contract）が成立していないという理由で，形式的に救済（remedy）の道を閉ざすことが，正義に反すると思えるような場合に，約束的禁反言（promissory estoppel）の法理が適用され，救済（remedy）の道を開くという傾向がある。

【事例5−9】

> Aliceは大学に，新たな学部を設立するために5,000,000ドルを寄付することを約束した。大学側は，その約束を信頼して「新学部の設立」について大きく報道した。しかし，後になって，Aliceが「やはり，5,000,000ドルの寄付はしない」と言った。

寄付行為は贈与（gift）であるので，約因（consideration）が存在せず，法的強制力のある契約（contract）にはなっていない。いわゆる疑似約束（illusory promise）である。しかし，いくら強制力がないからと言って，Aliceの「やはり，寄付しない」という言動を放置することは，正義の要請（justice requires）に反する。

そこで，約束的禁反言（promissory estoppel）の法理により，大学が5,000,000ドルを回復する請求権を与えている。もし，5,000,000ドル全額が無理だとしても，不利益的信頼（detrimental reliance）により，大学が損害を受けた費用を損害賠償として請求することができる可能性がある。

第5章 約因 (Consideration)

【事例5-10】 Drennan v. Star Paving Co., 51 Cal, 2d 409, 333 P.2d 757 (1958)

> 1955年7月28日，総合請負業者であるDrennanは，学校の建築工事を31万7,385ドルで落札した。この地では，入札当日，総合請負業者は，下請業者の入札を受けたうえで自己の入札額を計算して入札する方法が採られていた。
>
> 入札当日，Drennanは，50以上の下請業者から電話による入札を受けた。舗装部分に関する入札では，Star Paving Co.の入札額7,131ドルが最低だったので，Star Paving Co.に落札させ，舗装下請業者としてStar Paving Co.の名前を記載して，Drennanは，学校の建築工事の入札を行った。ところが，翌朝，Drennanは，Star Paving Co.から，入札価格には計算上の誤りがあったことを告げられ，Star Paving Co.は，1万5,000ドル以下で，この舗装工事をすることを拒否した。
>
> そこで，Drennanは，他の舗装業者を探し，その舗装業者と1万948ドルで舗装工事の契約を締結した。その後，Drennanは，Star Paving Co.に対して，差額の3,817ドルの支払いを請求した。

Drennanは，Star Paving Co.の入札額7,131ドルを信じて，学校の建築工事を31万7,385ドルで落札した。当初予定の舗装工事の7,131ドルが，Star Paving Co.の舗装工事拒否により，差額の3,817ドルが損失となったことは明らかである。このため，裁判所は，約束的禁反言（promissory estoppel）の法理を根拠として，Star Paving Co.に，差額の3,817ドルの支払いを命じた。

【事例5-11】 Ricketts v. Scothorn, 57 Neb. 51, 77 N.W. 365, Neb 346. (1898)

> 孫娘のRickettsが，お金に困って帳簿係として働いているのを哀れに思った祖父が，働く必要がないようにと，2,000ドルの約束手形を与えた。Rickettsは，その約束手形をもらってすぐに仕事を辞めた。ところが，祖父は，その手形金を支払わずに死亡した。そこで，Rickettsは，祖父の遺言執行人であるScothornに手形金の支払いを求めて提訴した。

6. 約束的禁反言 (Promissory Estoppel)

　この事例は，明らかに，祖父から孫娘の Ricketts に対する贈与 (gift) であり，そこにはなんら約因 (consideration) は存在しない。よって，祖父の約束 (promise) は契約 (contract) ではなく，法的強制力 (legally binding) をもたない。また，Ricketts の退職も，彼女自身の意思によるものであり，契約義務の履行としてなされたものではない。

　しかし，Ricketts は，祖父の言葉を信じて仕事を辞めたことは明らかであり，祖父もそれを予見していたと考えられる。このため，裁判所は，約束的禁反言 (promissory estoppel) の法理を根拠として，祖父の遺言執行人である Scothorn に手形金の支払いを命じた。

【事例5−12】　Hoffman v. Red Owl Stores, Inc. (Wis. 1965)

> 　パン屋を経営していた Hoffman は，1959年11月，Red Owl Stores, Inc. のチェーン店の本部に連絡して，Red Owl Stores, Inc. のチェーン店に加入したい旨を伝えた。その際，資金は1万8,000ドルしか持っていないことを言ったが，資金はそれで十分であると言われた。そこで，1961年2月，本部の代表者の勧めにより，経験を得る目的で，小さな食料品店を買った。
> 　その3カ月後，同店は利益を上げていたにもかかわらず，本部の代表者はそれを売却するように勧め，本部が Hoffman のために，もっと大きな店舗をみつけてやると約束した。そこで Hoffman は，その店を売却した。その後，本部が選んだ土地を6,000ドルで購入した。さらに，本部はパン屋を処分するように勧め，Hoffman は，それに従った。そして，本部からチェーン店の一店舗で働いて経験を積むのが望ましいと勧められたので，引越し費用と家賃を支払ったが，具体化はしなかった。
> 　その後，契約についての交渉が交わされたが，本部が一方的に融資計画案を変更するなどして，交渉が決裂した。そのため，Hoffman は，本部の言葉を信頼した結果，私生活を乱され，過去の事業の放棄を余儀なくされ，収入も減ったとして，Red Owl Stores, Inc. に対し，自己の被った損害の賠償を請求した。

　この事件はかなり複雑で，色々な事象が複雑に組み合わさっている。これら

個々の事象について，約束的禁反言（promissory estoppel）の法理を吟味することは難しく，それぞれの事象における約束（promise）が明確であるとは限らないため，全体としてとらえることが必要である。

このような契約交渉の決裂において不利益（detriment）を被った者に対しても，その言葉を信じたために被った不利益（detriment）と考えることができ，裁判所は，約束的禁反言（promissory estoppel）の法理を基に判断し，Hoffman が被った損害の賠償を認めた。

ただし，損害賠償の範囲は，実際に Hoffman が被った信頼利益の賠償額にとどまり，得べかりし利益（逸失利益，すなわち，本来得られるべきであるにも拘らず，不法行為や債務不履行（default）などで得られなかった利益）はその範囲外である。

【事例 5 − 13】 Feinberg v. Pfeiffer Co., 322 S.W. 2d 163（Mo. 1959）

> 原告（plaintiff）である Feinberg は，被告（defendant）の会社である Pfeiffer Co. に，17 歳の時から 37 年間勤め，経理部を中心に会社に対して多大な貢献をした。そこで，会社は取締役会で，Feinberg の功績に報いるため，以下の決議を行い，Feinberg に伝えた。
> 　① 　Feinberg が退職する際には，退職特別給付金を支給する。
> 　② 　現在の月額 350 ドルの給与を，月額 400 ドルに昇給する。
> 　③ 　退職後は，終身の退職手当である月額 200 ドルを支給する。
> 　Feinberg は，その後 1 年半後に退職し，7 年間近く，会社は月額 200 ドルの退職手当を支給した。ところが，会社の社長が交代し，会計事務所が Feinberg に対する月々の退職手当について疑義を申し立てた。すなわち，会社として支払う義務のないおカネを払っており，退職手当は好意的給付（gratuities）に過ぎず，また，これは株主の利益を損なうものであるとされた。そこで，会社は，Feinberg に対する月々の退職手当を月額 100 ドルにしたところ，Feinberg は受け取りを拒絶し，会社を訴えた。

本事件では，Feinberg が退職した後の終身の退職手当の支給に，約因（consideration）があるかどうかが争点となった。すなわち，退職後の退職手

当の支給は，雇用時の約束（promise）でもなく，退職手当を目当てに退職したわけでもなかった。このように，退職した後の終身の退職手当の支給には，明確な約因（consideration）がない。しかしながら，Feinbergは，終身の退職手当の支給があると信じて，またそれを期待して退職したはずであるし，会社も，当然，それを予見していたはずである。

さらに，退職手当が中止された時には，Feinbergは63歳になっており，新たに同じような職を探すことが難しいこともあり，裁判所は，約束的禁反言（promissory estoppel）の法理を使って，Feinbergを救済（remedy）した。

このように，約因（consideration）がないという理由で，契約（contract）が否認された場合でも，これによって，正義に反する結果が発生する場合には，約束的禁反言（promissory estoppel）の法理により，約束（promise）に法的拘束力（legally binding）が認められる。このように，受約者（promisee）が，約束者（promisor）の約束（promise）を信頼したことにより，何らかの不利益（detriment）を被り，また，約束者（promisor）も，このことを十分に予見できた場合には，約束的禁反言（promissory estoppel）の法理によって，受約者（promisee）の救済（remedy）をすることが可能である。

なお，契約法第2次リステイトメント（Restatement (Second) of Contracts）は，約束的禁反言（promissory estoppel）に関し，作為または不作為を誘発することが相当な約束（promise）として，次のような規定を設けている。

【Restatement (Second) of Contracts　§90】

第90条
(1) 受約者または第三者に作為または不作為を誘発するものと約束者が予期すべきことが相当な約束で，現実にそのような作為または不作為を誘発したものは，正義に反することの回避が約束の実現によってのみ可能な場合には拘束力を有する。違反に対して与えられる救済は正義が求めるところに限定することができる。

第5章 約因 (Consideration)

練習問題

以下の判例を読んでみよう。

1. Mills v. Wyman 20 Mass. (3 Pick) 207 (1825)
2. Hamer v. Sidway, 124 N.Y. 538, 27 N.E. 256 (1891)
3. Drennan v. Star Paving Co., 51 Cal, 2d 409, 333 P.2d 757 (1958)
4. Ricketts v. Scothorn, 57 Neb. 51, 77 N.W. 365, Neb 346. (1898)
5. Hoffman v. Red Owl Stores, Inc. (Wis. 1965)
6. Feinberg v. Pfeiffer Co., 322 S.W. 2d 163 (Mo. 1959)

第6章

抗 弁
(Defense)

◆学習のねらい

　契約（contract）の成立には，相互の同意（mutual assent）の存在，約因（consideration）の存在，及び抗弁（defense）の不存在の3つの要素が必要である。

　前章までは，相互の同意（mutual assent）と約因（consideration）をみてきたが，本章では，抗弁（defense）の不存在について学習しよう。

1. 抗弁の不存在（Absence of Defense）

　契約（contract）が成立しているかどうかを判断するにあたっては，相互の同意（mutual assent）の存在，約因（consideration）の存在，及び抗弁（defense）の不存在の3点から検討を行うが，抗弁（defense）の不存在に関しては，大きく分けて，錯誤（mistake），能力の欠如（lack of capacity），違法性（illegality），非良心性（unconscionability），詐欺防止法（Statute of Frauds）などがある。これらの抗弁（defense）の不存在があって，契約（contract）が成立していると判断される。

2. 錯誤 (Mistake)

契約 (contract) を締結しようとする両当事者が，合意に関する事実について錯誤 (mistake) があった場合，この契約 (contract) を取り消すことができるのであろうか。

この場合，①契約 (contract) の合意の前提に錯誤 (mistake) があるような場合，または②合意に基づく交換に重大な影響がある場合には，契約 (contract) を取り消すことができる。ただし，取消しを求める当事者が，これらの錯誤 (mistake) の危険を引き受けていなかったことが前提となる。

【事例 6-1】

> Alice は Bill にダイヤモンドを売るという申込をし，Bill はこれに承諾したところ，実はダイヤモンドではなくて，ダイヤモンドによく似たジルコンであった。

この場合，Alice も Bill も，ダイヤモンドによく似たジルコンをダイヤモンドだと思い込んでいたので，両者とも錯誤 (mistake) をおかしているといえる。特に，契約 (contract) の基本的な前提で錯誤 (mistake) をおかしているので，不利益 (detriment) を受ける当事者，すなわち Bill が，ジルコンならいらないと思った場合，Bill は，この契約 (contract) を取り消すことができる。

ジルコンの価値がダイヤモンドの価値の 100 分の 1 しかなかったような場合はどうであろうか。この場合には，合意に基づく交換に重大な影響を及ぼすことになるので，Bill がジルコンを欲しくない場合，Bill は契約 (contract) を取り消すことができる。ただし，Bill が，完全にダイヤモンドと信じていたことが必要である。少しでもジルコンではないだろうかと疑っていた場合には，契約 (contract) を取り消すことができない。すなわち，契約 (contract) を取り消すためには，これらの錯誤 (mistake) につき，危険を引き受けていなかったことが前提となる。

2. 錯誤（Mistake）

(1) 危険負担（Burden of Risk）

【事例6-2】

> Aliceが自分の家を整理していたら無色透明の宝石を見つけた。ある時，AliceはBillに，これを見せた。AliceもBillも，もしかして，これはダイヤモンドかもしれないと思ったが，たぶん，これはジルコンに違いないと思った。Billがその宝石が欲しいというので，AliceはBillに，これを100ドルで売るという約束をした。ところが，後日，この宝石はジルコンではなく，ダイヤモンドであることが判明した。

この場合，Aliceはこの契約（contract）を取り消すことができるであろうか。当初，AliceもBillも，もしかしたら，ダイヤモンドかもしれないと思っていたが，たぶんこれはジルコンに違いないだろうと思った。つまり，そこには危険の引受け（assumption of risk）がある。このように，危険の引受け（assumption of risk）がある場合には，ジルコンであるという共通的錯誤は抗弁（defense）にならない。

すなわち，Aliceは錯誤（mistake）による契約（contract）の取消しを主張することはできない。当事者双方がジルコンであるという前提が誤り（mistake）であるかもしれないということを認識していたためである。このため，AliceがBillに，この宝石を返して欲しいといっても，Billは返す必要はないということになる。

【事例6-3】

> Aliceが自分の家を整理していたら無色透明の石を見つけた。ある時，AliceはBillに，これを見せた。AliceもBillも，もしかして，これはダイヤモンドかもしれないと思ったが，たぶん，これはジルコンに違いないと思った。Aliceは，その石の価値が500ドルであると考えたが，Billは50ドルぐらいだろうと思った。結局，AliceはBillにその石を200ドルで売ることを約束した。しかし，その後，その石は1,000ドルの価値があるダイヤモ

> ンドであることがわかった

　この場合，Alice は共通的錯誤による契約（contract）の無効を主張することはできない。当事者双方がジルコンの価値を決定する危険性を認識していたためである。すなわち，価値に関する錯誤（mistake）は，抗弁（defense）にはならない。このため，Alice が，その石を返して欲しいといっても，Bill は返す必要はない。

(2) 一方当事者のみの錯誤

　一方当事者のみの錯誤（mistake）は抗弁（defense）にならず，契約（contract）は成立する。ただし，例外として，他方当事者が錯誤（mistake）していることについて知っていた，または知るべき理由がある場合は，錯誤当事者により取り消すことができる。

【事例6－4】

> Alice は Bill にパソコンを販売することにした。Alice は1,500ドルの見積りを出し，Bill はこれに同意した。ところが，正確な見積りは1,700ドルであり，後に，Alice がそれに気が付いた。そこで，Alice は Bill に，見積りを1,700ドルに訂正して送った。

　この場合，Bill が Alice の見積もりの間違いについて合理的（reasonable）に知らなかったならば，1,500ドルが妥当と考えられ，差額の200ドルの請求を拒むことができる。もし，Bill が Alice の見積もりの間違いに気づいていれば，Alice は，差額の200ドルを請求することができる。

(3) 申込または承諾の伝達（仲介）による錯誤

　申込（offer）または承諾（acceptance）の伝達（仲介）による錯誤（mistake）の場合であっても，契約（contract）は有効となる。ただし，例外として，他方当事者が錯誤（mistake）していることについて知っていた，または知るべき理由がある場合は，契約（contract）は取り消すことができる。

【事例6-5】

> Alice は50万ドルで家を売却することにした。Bill は家の中を見た後，代理人に45万ドルで購入を申込むよう依頼した。代理人は間違えて48万ドルで Alice に申込み，Alice はそれに承諾した。

この場合，代理人が Bill を拘束する権限を有するものとした場合，代理人の錯誤（mistake）に拘わらず，48万ドルで契約（contract）が成立する。

【事例6-6】

> Alice は50万ドルで家を売却することにした。Bill は家の中を見た後，代理人に45万ドルで購入を申込むよう依頼した。代理人は間違えて54万ドルで Alice に申込み，Alice はそれに承諾した。

代理人が B を拘束する権限を有するものとした場合，Bill は54万ドルに拘束されない。なぜなら，Alice は，自身が提示した50万ドルよりも高い金額でおかしいと気が付くはずであるからである。

(4) 多義性（latent ambiguity）

契約（contract）が少なくとも2つ以上の意味に解釈されうる条項（clause）を含む場合，その多義性（latent ambiguity）については，当事者の認識に依拠する。具体的には，両当事者が認識していた場合または認識していなかった場合は，両当事者が同じ意味を意図していない限り，契約（contract）は成立しない。また，当事者の一方のみが認識していた場合は，認識していなかった当事者が，多義的な意味について合理的に信じていたことに基づく場合は，契約（contract）は強制力を有する。

【事例6-7】

> Alice は Bill からクロード・モネの絵を1枚購入することに合意した。ク

ロード・モネの絵を 2 枚持っていた Bill は，初期の時代の 1 枚を売却することを意図した。Alice は Bill がクロード・モネの絵を 2 枚持っていることを知らず，晩年の絵を購入することを意図していた。

この場合，晩年の絵で契約（contract）が成立する。なぜなら，Alice は Bill がクロード・モネの絵を 2 枚持っていることを知らなかったが，Bill は 2 枚持っていること（多義性）（latent ambiguity）を認識していたためである。

【事例 6－8】 Raffles v. Wichelhaus, H. & C. 906, 159 Eng. Rep. 375（1864）

Raffles と Wichelhaus は，ムンバイからリバプールに Peerless 号で綿花を輸送する契約を締結した。両当事者は知らなかったが，Peerless 号という船は 2 隻あり，その 2 隻はそれぞれムンバイからリバプールに綿花を輸送していた。Raffles は，12 月に出港する Peerless 号で綿花が輸送されると考えていたが，Wichelhaus は，10 月に出港する Peerless 号で綿花が輸送されると考えていた。

Raffles は，12 月に出港する Peerless 号で綿花を送った。しかし，10 月に出港する Peerless 号で綿花が輸送されると考えていた Wichelhaus は，期日までに綿花を受け取れなかったため，12 月出港の Peerless 号で輸送された綿花の引渡しを拒否した。契約には，どちらの Peerless 号かが示されていなかった。

これはイギリスの事件であるが，重要な判例である。Peerless 号という名の 2 隻の船の存在により潜在的多義性（latent ambiguity）が生じている。その多義性（latent ambiguity）が重要なものであれば契約（contract）は成立しない。

本件では両当事者ともに Peerless 号という名の船が 2 隻あることを知らず，かつ認識していた Peerless 号が異なる。裁判所は，この約束には意思の合致（meeting of the minds）はなく，当事者を拘束する契約（contract）は存在しないと判断した。

この事例で，10 月に出向する Peerless 号を Peerless - 10，12 月に出向する

Peerless 号を Peerless - 12 とした場合，いくつかの場面が考えられる。
① Raffles は Peerless - 10 と Peerless - 12 の存在を知っていたが，Wichelhaus は Peerless - 10 しか知らなった場合
② Raffles は Peerless - 12 の存在しか知らなかったが，Wichelhaus は Peerless - 10 と Peerless - 12 の存在を知っていた場合
③ Raffles は Peerless - 10 と Peerless - 12 の存在を知っていたし，Wichelhaus も Peerless - 10 と Peerless - 12 の存在を知っていた場合
④ Raffles は Peerless - 12 の存在しか知らなかったが，Wichelhaus は Peerless - 10 の存在しか知らなかった場合

このような場合，お互いに認識していた Peerless 号で契約（contract）が成立する。具体的には，上記①の例では，Peerless - 10 の Peerless 号で契約（contract）が成立する。②の例では，Peerless - 12 の Peerless 号で契約（contract）が成立する。③の例では，Raffles と Wichelhaus が同じ Peerless 号を考えていた場合，契約（contract）が成立する。④の例では，契約（contract）は成立しない。

(5) 不実表示（Misrepresentation）

アメリカ契約法における不実表示（misrepresentation）は，わが国の詐欺行為よりも広い概念であり，不実表示（misrepresentation）を行った者の主観的要素を問題とするよりも，不実表示（misrepresentation）を信頼して契約（contract）を締結し不利益（detriment）を被った者（被害者）をいかに保護するかという点に主眼がおかれている。

悪意の不実表示（fraudulent misrepresentation）の場合，誘引における詐欺（fraud in the inducement）については，取り消すことが可能である。当事者が，悪意の不実表示（fraudulent misrepresentation）を用いて他方当事者を契約（contract）に誘引し締結した場合，それが悪意の不実表示（fraudulent misrepresentation）に正当に依拠してなされたものであれば，善意の当事者によって取り消される。

不実表示（misrepresentation）が成立するための要件は，次の4つがある。
① 現在または過去の事実と異なる表示があること（近年では，情報の不開

示 (non-disclosure) も含む)
② その表示が, 詐欺的 (fraudulent) または重大 (material) な性質のものであること
③ 当事者が契約に同意 (assent) するうえで, その表示を信頼したこと
④ 表示への信頼が妥当なものであったこと

【事例 6-9】

> Alice は Bill からクロード・モネが描いた絵画だというものを購入することに合意した。ところが, それは偽物であった。

この場合, Alice が Bill の不実表示 (misrepresentation) を正当に信頼した場合は, 取り消すことができる。

悪意でない不実表示 (nonfraudulent material misrepresentation) の場合はどうであろうか。悪意でない不実表示 (nonfraudulent material misrepresentation) の場合であっても, その不実表示 (misrepresentation) が重大 (material) である場合には, 善意の当事者は取り消すことができる。

ただし, 重大 (material) な場合とは, ①情報が合理的な一般人を合意に誘引するものである場合, または, ②不実表示 (misrepresentation) をした者が, 情報が特定の者を合意に至らせるものであると知っていた場合である。すなわち, クロード・モネが描いた絵画だというものが, 本当はクロード・モネが描いた絵画ではないと認識していた場合, この絵画を購入しなかったような場合である。

【事例 6-10】

> Bill は Alice からクロード・モネが描いた絵画だというものを購入することに合意した。ところが, それは Bill が絵画の所有者ではなかった。

この場合, Bill が所有者だという情報は, 合理的な人間に絵画を買うことに合意する理由となる重大 (material) な不実表示 (misrepresentation) であ

るから，取り消すことができる。

【事例6-11】

> ある試合の後，あるファンが野球の有名選手にサインを求めたところ，実際はある契約書であった。

善意の当事者は合意を取り消すことができる。なぜなら，事実に関する詐欺（fraud in the factum）であるためであるからである。特に，これは事実に関する詐欺（fraud in the factum）の事例である。有名選手は騙されてサインをしたのであるから，この契約（contract）は事実に関する詐欺（fraud in the factum）として無効である。

また，殺人契約のようなものは，約因（consideration）または目的物が違法であるので，契約（contract）は成立しない。さらに，悪意の不実表示（fraudulent misrepresentation）の場合も取り消すことができる。

【事例6-12】

> Aliceは，Billから絵画を購入することに合意した。それは，Billが，この絵画が以前に有名な女優であるCindyによって所有されていたものであるとAliceに伝えていたからである。ところが，Billは，Cindyがその絵画を所有していなかったことを知っていた。

売主（seller）の不実表示（misrepresentation）を正当に信頼した場合，買主（buyer）の約束（promise）は取り消しうる契約（contract）である。

【事例6-13】

> Aliceは，Billから絵画を購入することに合意した。それは，Billが，この絵画が以前に有名な女優であるCindyによって所有されていたものであるとAliceに伝えていたからである。実際，Billは，Cindyがその絵画を所有していたと信じていた。

悪意でない不実表示（nonfraudulent material misrepresentation）の事例である。この場合も，この契約（contract）は取り消しうる。なぜなら，Cindyが所有していたという情報は，悪意でなくても重大（material）な不実表示（misrepresentation）であるためである。

【事例6－14】 Speiss v. Brandt, 41 N.W. 2d 561（Minn. 1950）

> 原告（plaintiff）のSpeissは，被告（defendant）のBrandtから，ミネソタのリゾート地を9万5,000ドルで購入する契約を締結した。その内容は，支払いは分割払いで，代金が支払えなくなった場合，契約は解除され，その時点まで支払った代金が損害賠償額の予定（liquidated damages）としてBrandtに残されることになっていた。
>
> また，契約の締結に際して，BrandtはSpeissに，リゾート事業から相当の収益（good money）が上がると述べ，Speissは，その収益から後半の方の分割代金を支払う予定であった。ところが，契約締結時に，Brandtから事業の会計帳簿を見せてもらえず，また事業は不振が続いたことから，代金が払えなくなった。
>
> そこで，Speissは，不実表示（misrepresentation）を理由に，契約解除を求めてBrandtを訴えた。

この事例では，裁判所は，Brandtの不実表示（misrepresentation）を認め，契約（contract）の解除（termination）と，すでにSpeissが支払った3万6,000ドルの返還をBrandtに命じた。

裁判所は，Brandtがこの土地を所有していた間も，損失を計上していたにもかかわらず，Speissに対して，リゾート事業から相当な収益（good money）が上がると述べたことや，契約締結時に会計帳簿をSpeissに見せなかったことを不実表示（misrepresentation）として認めた事例である。

2. 錯誤（Mistake）　79

【事例 6-15】　Classic Bowl, Inc. v. AMF Pinspotters, inc., 403 F. 2d 463（7th Cir. 1968）

> 原告（plaintiff）であるボーリング場を経営する Classic Bowl, Inc. は，被告（defendant）であるボーリングのピンをセットする機械をリースする AMF Pinspotters, inc. との間で，10 年間のリース契約を締結した。その後，AMF Pinspotters, inc. は，Classic Bowl, Inc. に対し，既存の機械設備を購入する選択権を与えるという申し出を行った。Classic Bowl, Inc. が，この意図を AMF Pinspotters, inc. に聞いたが，AMF Pinspotters, inc. は，Classic Bowl, Inc. に，本社に問い合わせるように伝えた。
>
> しかし，AMF Pinspotters, inc. の担当者は，新型機械が，もうじき発表されることを知っていた。その後，新型機械が発表され，売却した旧型の機械の価格が急落した。このため，Classic Bowl, Inc. は，不実表示（misrepresentation）を理由に，AMF Pinspotters, inc. を訴えた。

この事件では，裁判所は，AMF Pinspotters, inc. の不実表示（misrepresentation）を認めなかった。【事例 6-14】と異なるのは，【事例 6-14】が積極的に不実表示（misrepresentation）をしたのに対して，本事例では，AMF Pinspotters, inc. は，積極的に不実表示（misrepresentation）をしたのではないという点である。

AMF Pinspotters, inc. は，その理由を知っていたにもかかわらず，Classic Bowl, Inc. に対して黙っており事実の不開示（non-disclosure）を行っただけである。また，本部に問い合わせてみることを示唆している。これを理由に，不実表示（misrepresentation）を認めなかった。しかしながら，現在では，単なる事実の不開示（non-disclosure）であっても，不実表示（misrepresentation）と解される可能性が高い。

3. 能力の欠如（Lack of Capacity）

(1) 未成年者との契約（Contracts of Minors）

　未成年者（minor）との契約（contract）も抗弁（defense）となりうる。未成年者（一般に 18 歳未満）は，一般的に，自身を拘束する契約（contract）を締結する能力（capacity）を欠くものとされる。しかし，成年者が未成年者（minor）に対してなした契約上の約束（promise）は，成年者を拘束する。

　未成年者（minor）は，成年に達する前，または達したあとすぐであれば，いつでも契約（contract）を取り消す選択をすることができる。

　また，未成年者（minor）は，成年に達した後に追認（ratify），すなわち，自身のした契約（contract）に拘束されることを選択することができる。その者は，明示的に，または行為（例：成年に達した後，合理的期間内に契約（contract）の取消しを懈怠すること）により追認（ratify）することになる。

　例外としては，未成年者（minor）は，生活必需品（daily necessities）の合理的な価値を支払うことには拘束される。何が生活必需品（daily necessities）にあたるかは，各州の制定法（statutes）にもよるが，一般に，保険契約，学生ローン契約など，未成年者（minor）の生活上の地位にしたがって考慮される。

　なお，未成年者（minor）が取消しを選択する場合，契約（contract）の下で受領した物で，取消し時においてなお残存する物を返還しなければならない。しかし，すでに浪費，消費，過失により毀損した約因（consideration）の部分については，返還する義務を負わない。

　伝統的なコモン・ロー（common law）では，21 歳以上を成人としていたが，各州の制定法（statutes）により，現在，多くの州では，基本的に 18 歳以上を成年としている。なお，わが国では，20 歳の誕生日に成年に達するとしているが，多くの州では，誕生日の前日に成人に達するとしている。

3. 能力の欠如 (Lack of Capacity)

【事例6－16】

> Alice は，17歳の Bill にパソコンを販売した。

Bill は，成人に達していないので，この契約を取り消す (disaffirm) ことが可能である。ただし，成人に達した後，追認 (ratify) することもできる。なお，Bill は成年に達するまで追認 (ratify) することはできない。ただし，Bill が未成年者 (minor) であるからといって，成人である Alice が，この契約 (contract) を取り消す (disaffirm) ことはできない。

【事例6－17】

> Alice は，17歳の Bill にパソコンを売る約束をし，それを Bill に届けた。Bill は Alice に「私が18歳になったとき，代金である 1,000 ドルをお支払いします」と手紙に書いた。その後，Bill は18歳になった。ところが，その時のこのパソコンの市場価格が 500 ドルに落ちていた。そこで，Bill は Alice に署名入りの手紙で「パソコンの代金として 500 ドルお支払いします。なぜならパソコンの公正な市場価格が 500 ドルだからです」と伝えた。

Bill が未成年 (minor) の時に締結した契約 (contract) を取り結ぶことが可能である。成年に達した後，これを追認 (ratify) すれば契約 (contract) として成立させることができるが，この場合であっても，拘束される金額は 500 ドルとなる。

【事例6－18】 Halbman v. Lemke, 298 N.W. 2d 562 (Wis. 1980)

> 原告 (plaintiff) である未成年者の Halbman が，被告 (defendant) である自動車のディーラー Lemke との間で中古車の売買契約を，1,250 ドルで締結した。1,000 ドルは即金で，残額は週 25 ドルずつ支払うこととした。中古車の所有権は，全額支払った時点で Halbman に移転するとされた。ところが，5週間後，1,100 ドル支払った時点で，エンジンが故障した。

自動車のディーラーである Lemke は，代わりの中古エンジンを購入すれば，エンジンを交換すると言ったが，Halbman は，これを断り中古車を修理工場に持ち込んだ。修理には 600 ドルほどかかったが，Halbman はこれを支払わなかった。Lemke は，修理代金の請求が自分のところに来ることをおそれ，中古車の権原証書に裏書し，所有権を Halbman に移したが，Halbman は，権原証書を Lemke に送り返し，契約の取消しと代金支払いの返還の請求を行った。

その間，中古車は修理工場におかれたままとなったが，修理工場は，未回収の修理代金にあてるため，エンジン等を取り除き，残りを Halbman の父親の家に運んだ。Halbman の父親は，Lemke に中古車の引取りを請求したが，Lemke はこれを拒絶した。この間に，中古車は誰かにいたずらされ，無価値となった。そこで，Halbman は，Lemke に支払い代金の 1,100 ドルの返還を求めたが，Lemke は残額の 150 ドルの支払いを求めて反訴した。

ウィスコンシン州の裁判所は，第1審，控訴審，最高裁は，原告（plaintiff）である Halbman の主張を認め，現にある限度で中古車を返還すればよいとし，使用分や減価分に対する返還は不要とした。このように，未成年者（minor）は，契約（contract）を自由に取り消すことができる。

(2) 意思無能力者（Mental Incapacity）

精神障害者のように，意思能力が不十分であるために，契約（contract）の性質及び重要性を理解することができない者は，平静期に，またはその法律上の代理人により，契約を取り消す（disaffirm）ことができる。

同様に，中間平静期に，または完全に回復した時点で，司法的措置による正式な回復がなくとも，追認（ratify）することが許される。すなわち，契約（contract）は取り消しうる。なお，未成年者（minor）と同様に，意思無能力者（mental incapacity）も，生活必需品（daily necessities）については責任を負う。

3. 能力の欠如（Lack of Capacity）　83

【事例6－19】

> Alice は Bill に，パソコンを売る契約（contract）を締結した。ところが，Bill は痴呆（dementia）であり，Bill の法律上の代理人から，契約（contract）を取り消す旨の連絡があった。

　この事例では，契約締結時に，Bill に痴呆（dementia）の症状が出ていたかどうか，もしくは，Alice が Bill のことを痴呆（dementia）と知っていたかどうかがポイントとなる。

　契約（contract）の内容そのものを理解する能力を欠く意思無能力者（mental incapacity）については，相手方が，その者の精神状態を知っていたかどうかにかかわらず，契約（contract）は取り消される。一方，動機の形成または合理的な判断能力が欠けている意思無能力者（mental incapacity）については，一見すると意思無能力者（mental incapacity）に見えない場合が多く，この場合には，相手方が，意思無能力者（mental incapacity）の精神状態を知っていた場合にのみ，契約（contract）を取り消す（disaffirm）ことができる。

【事例6－20】　Williamson v. Matthews, 379 So. 2d 1245（Ala. 1980）

> 　原告（plaintiff）である不動産の所有者 Williamson は，不動産ローンが払えなくなったので，ローンごとに売りに出し，被告（defendant）である Matthews が 1,700 ドルでそれを購入した。ところが，Williamson は，売却を後悔し，すぐに弁護士に相談し，2日後に取消しを求めて出訴した。
> 　不動産の鑑定では，売却された不動産の価値が，1,700 ドルの5倍から9倍であることがわかった。また，Williamson には，これまで常軌を逸するような行動がたびたび見られたことや，アルコール中毒から来る脳障害の初期であるという証言が出された。

　裁判所は，精神状態の減退の状況で契約（contract）を締結したといえるとして，契約（contract）の取消しを認めた。

【事例6−21】 Uribe v. Olson, 601 P.2d 818 (Ore. 1979)

> 81歳の女性である売主（seller）が，自己の所有する不動産を売却しようとして不動産業者に仲介を頼んだ。売主（seller）は，8万ドルで売りたがったが，相場は5万ドル前後で，不動産業者の助言により6万ドルで売りに出した。その後，買い手が現れ，5万2,500ドルで契約することになった。ところが，売主（seller）の娘が，81歳の母はすでに契約能力を失っており，契約は無効であると申し立てた。

証拠として，81歳の女性の精神能力の減退を示すような証言その他がなされたが，裁判所は，契約時点で，この女性に契約能力があったと認定し，契約（contract）は有効であると判示した。このように，契約（contract）の内容そのものを理解する能力を欠く意思無能力者（mental incapacity）かどうかの判定は，事案ごとに異なり，最終的には裁判所の判断となる。

(3) 酩酊者（Intoxicated Persons）

薬物またはアルコールなどによって，精神に障害を受けているような状態を，酩酊状態（intoxication）という。酩酊状態（intoxication）のために，契約（contract）の性質及び重要性を理解できない者は，他方当事者がその酩酊状態について知るべき理由を有する場合，取り消しうる契約（contract）をなしたとされる。すなわち，他方当事者が，相手方が酩酊状態（intoxication）にあることを知っていた場合，契約（contract）を締結しても，取り消される可能性がある。

酩酊者（intoxicated persons）は，回復の後，その契約を追認（ratify）することができる。しかし，意思無能力の間に，他方当事者が提供した生活必需品（daily necessities）については，契約（contract）の成立が認められる。

【事例6−22】

> AliceはBillとお酒を飲んでいたが，その席上，お酒を飲みすぎたBill

と，パソコンを売る契約（contract）を締結した。ところが，翌日，Billから，契約を取り消す連絡を受けた。

　この事例の場合，Billが酩酊者（intoxicated persons）と考えられる場合には，契約（contract）は取り消すことができる。しかし，Aliceが，Billが酩酊状態にあると知らずに契約（contract）を結んだ場合，契約（contract）を取り消すことができない可能性がある。この判断は，意思無能力者（mental incapacity）の場合と同様である。

4. 違法性（Illegality）

　違法性（illegality）で代表的なものが，強迫（duress）と不当威圧（undue influence）である。

(1) 強迫（Duress）
　強迫（duress）とは，違法に害悪を告知して相手方に畏怖を生じさせ，その結果，相手方をして強制的に契約（contract）に同意させるものである。このような契約（contract）は取り消しうるものであり，追認（ratify）しない限り，解除（terminate）することが許される。このような脅威（threat）は，明示または黙示の言葉または行動によってなされる。
　伝統的なコモン・ロー（common law）では，強迫（duress）によって行われた契約（contract）の取消し（disaffirmation）は，与えられた脅威（threat）に違法性または不当性を要求し，抗弁（defense）について厳格な立場をとってきた。しかし，最近では，多くの裁判所が，この厳格性を排除してきている。
　なお，強迫（duress）の要件は，以下の4つがある。
　① 脅威（threat）が存在すること
　② その脅威（threat）が不当なものであること
　③ 脅威（threat）の結果，相手方が同意（assent）したこと
　④ 相手が合意せざるをえないほど，脅威（threat）が重大（material）な

86　第6章　抗弁（Defense）

ものであること

なお，重大性の基準として，契約法第2次リステイトメント（Restatement (Second) of Contracts）は，他に合理的な選択の余地がない（no reasonable alternative）という状況に陥らせたことを強迫（duress）による取消しの条件（condition）としている。

【事例6−23】

> Bill は Alice に，「この契約書にサインしろ。さもないと，お前をひどい目にあわせる」と言ったので，Alice は契約書にサインをした。

いかなるものが不当な脅威（threat）となりうるのか。この事例では，Bill の身体に対して害を与えるという犯罪的な行為であれば，強迫（duress）を構成する不当な脅威（threat）となる。このように，相手方もしくはその家族の生命，身体，自由，もしくは財産に対して害を加える犯罪的または不法行為的な行為は，不当な脅威（threat）である。この不法行為的な行為には，犯罪の告訴・告発をすることや，スラップ訴訟（恫喝訴訟）のような強迫的な民事訴訟も含まれる。このほか，取引をしない，秘密を暴露するなども含まれる。

【事例6−24】　Alaska Packers' Ass' v. Domenico （9th Cir. 1902）

> 鮭漁に従事する契約をサンフランシスコで締結してアラスカに赴いた Domenico を始めとする漁師たちが，現地に着いてから現地での過激な労働から不満を生じ，賃金をほぼ倍増することを現地の監督者に要求して，就業を拒否した。鮭漁のシーズンは短く，アメリカ本土は遠く離れており，新規の採用も意にまかせない。そこで監督者は，契約変更の権限がないことを説明しつつも，結局，第三者を証人として，賃金をほぼ倍増する契約に署名した。
>
> 漁期のシーズンが終わって人々がサンフランシスコへ戻ってきたとき，会社（Alaska Packers' Ass'）は増額分の支払いを拒否し，訴訟を提起した。

この事件は，漁師の強迫（duress）によって，監督者が賃金をほぼ倍増す

る契約（contract）に署名したことは明らかであるが，裁判所は，すでに契約上の義務となっている仕事の履行に対して，さらに支払いを約する約束（promise）は約因（consideration）がなく，追加賃金の契約（contract）は無効であると判断した。

(2) 不当威圧（Undue Influence）

不当威圧（undue influence）とは，地位または立場を不当に利用して，圧力をかけたり，意思決定の変更を強要する行為を指す。なお，不当威圧（undue influence）によって合意した契約や取引は無効にすることができる。

不当威圧（undue influence）をかけられた場合，契約（contract）の締結の自由な選択ができなくなる。この意味で，強迫（duress）と同様，現実の脅威（threat）が発生する。また，不当威圧（undue influence）は，相手の精神状態を利用するという側面がある。

【事例 6−25】

> Red 社は，下請業者である Blue 社に対して，自社の売れ残ったパソコン 100 台を高額で引き取るよう迫った。Blue 社は仕事が打ち切られることをおそれ，不本意ながら売買契約を締結した。

Red 社は，自分の地位及び立場を利用して，無理やり下請業者である Blue 社に高額でパソコン 100 台を売った。Blue 社は，断り切れない窮地に追い込まれる。そのため，Red 社のこの行為は，不当威圧（undue influence）に該当し，Blue 社は契約（contract）を取り消すことができる。

【事例 6−26】

> Alice は，老齢で字も書けず，もっぱら甥の Bill に頼って暮らしていた。ところが，Bill は，Alice の土地を自分に売らない限り，Alice の面倒はみないと告げた。そこで Alice は，Bill に土地を売却する契約を結んだ。

この事例では，強迫（duress）に当たらないとしても，不当威圧（undue

influence) に該当し，契約（contract）を取り消すことができる。

このように，不当威圧（undue influence）の法理は，強迫（duress）や不実表示（misrepresentation）に該当しない場合であっても，当事者の特別な関係を要件として，救済（remedy）しようとするものである。

5. 非良心性（Unconscionability）

錯誤（mistake），強迫（duress），能力の欠如（lack of capacity），不実表示（misrepresentation），不当威圧（undue influence）などは，契約者が正常な判断のもとに，自由な意思により契約（contract）を締結できたのかどうかを問題にしてきた。しかし，非良心性（unconscionability）は，契約（contract）の内容そのものの妥当性を問うものである。

非良心性（unconscionability）とは，当事者の一方が意味のある選択をすることができず，かつ他方の当事者にとって契約条項が不当に有利であることをいう。

【事例6−27】 Williams v. Walker-Thomas Furniture Co.（D.C.Cir. 1965）

> 原告（plaintiff）である Williams は，政府から月 218 ドルの生活保護を受けながら，1人で7人の子供を養育している女性であった。Williams は，被告（defendant）である家具商 Walker-Thomas Furniture Co. からステレオセットを 500 ドル余で購入したが，その代金及びそれ以前に購入した家具の購入代金との合計約 700 ドルの遅滞に対して，Walker-Thomas Furniture Co. が契約の約款に基づいて，Williams が5年間に購入した一切の家具の取戻し訴訟を起こし，令状を得て執行した。
>
> 約款には，契約中に，毎月の支払いは未払額が残っている家具のすべてに充当し，しかも完済されるまで Walker-Thomas Furniture Co. に所有権が留保されるというものであった。そこで，Williams が，その契約の無効を訴えた。

この事例では，Williams が契約（contract）の内容の意味を理解していた

かがポイントとなる。一般に，契約（contract）の意味を理解している者が，契約書に署名した場合には，その取引を承諾（acceptance）して契約（contract）したといえる。

しかし，ほとんど交渉もできず，契約（contract）の内容の意味も知らない者が，一方的に不合理な契約書に署名した場合には，同意（assent）したといえない。このように，契約（contract）の合理性や公正性を吟味するにあたっては，これらの事情や状況を考慮しなければならない。なお，非良心性（unconscionability）に関しては，手続上の非良心性（unconscionability）と，実体上の非良心性（unconscionability）に分けられる。

非良心性（unconscionability）に関して，統一商事法典（U.C.C.）第2編は，以下のように規定している。

【Uniform Commercial Code § 2−302】

第2編第302条
(1) 裁判所は，法の事項として，契約の全部または契約中のいずれかの条項が，契約締結時において非良心的なものであったと認定した場合には，契約の効力を否認すること，非良心的な条項を除いて，残りの部分の契約を認めること，または非良心的な結果を避けるように問題の適用を制限すること，のいずれかを行うことができる。
(2) 契約の全部もしくは契約中にいずれかの条項が非良心的なものであるという主張が裁判所になされたとき，または裁判所がそのような疑いがあると認めたときは，裁判所はその判断に資するべく，当事者に対して，取引上の背景，目的及び効果に関する証拠を提出する合理的な機会を与えなければならない。

【事例6−28】 Searbrook v. Commuter Housing Co., 338 N.Y. S.2d 67（1972）

原告（plaintiff）である Searbrook は，被告（defendant）である Commuter Housing Co.から，アパートを借りる契約を結び，前払金と1カ

月分の賃料を支払った。3月からの入居予定であったが，建築が遅れ，入居が可能となったのは7月からであった。その間，Searbrookは，住居に困り，別の住居を探し，Commuter Housing Co. との契約を解除したいと申し入れ，支払い済み代金の返還を求めた。

しかし，被告（defendant）であるCommuter Housing Co. は，解除を認めず，契約書中に，建築が遅れた場合は，入居は建築完成時であることの規定があると抗弁（defense）した。しかし，Searbrookは，この説明を受けておらず，契約書も弁護士に見てもらうこともしていなかった。また，契約書は長大であり，文字も小さなものであった。

裁判所は，統一商事法典（U.C.C.）§2-302を適用し，原告（plaintiff）であるSearbrookの訴えを認めた。理由としては，Commuter Housing Co. は商人（merchant）であるので，統一商事法典（U.C.C.）§2-302が適用できること，契約書が一方的にCommuter Housing Co. に有利に書かれており，その契約書も長大で小さな字で書かれていることから，一般に，賃借人が読まない，また弁護士にも見てもらっていないことが認識されいていたことなどによる。また，交渉において賃借人は弱い立場にあることなども総合的に判断し，非良心性（unconscionability）の法理によりSearbrookの訴えを認めた。

【事例6-29】 Henningsen v. Bloomfield Motors, Inc., 161 A.2d 69（N.J. 1960）

原告（plaintiff）であるHenningsenは，被告（defendant）である自動車のディーラーBloomfield Motors, Inc. から，クライスラー製の新車を購入し，妻にプレゼントした。ところが，購入してから10日後，妻が運転している最中に，ハンドルがきかなくなり壁に衝突し，妻も重傷を負った。そこで，Henningsenは，自動車のディーラーBloomfield Motors, Inc. とクライスラーを訴えた。

新車の売買契約書に，販売後90日以内に故障した部品は無料で修理・取替をするという条項があり，それ以外の保証責任（warranty）は免除するとあった。裁判所は，この抗弁（defense）を認めず，この責任制限条項は無効

であるとした。

　理由としては，この売買契約書が約款であり，消費者には交渉の余地がないからである。また，契約書が長大であり，一方的に Bloomfield Motors, Inc.に有利に書かれていたことなどにもよる。なお，この事件は，メーカーの製造物責任を問う初期の裁判例であることでも有名である。

6. 詐欺防止法（Statute of Frauds）

　一般的に，口頭の契約（contract）は有効である。しかし，法令により，ある種の合意は，それに拘束される当事者により署名された書面により明示されなければならない。しかし，州（state）において，書面が要求される契約（contract）はさまざまであり，一様ではない。これを総称して詐欺防止法（Statute of Frauds）と呼んでいる。

　もともと，詐欺防止法（Statute of Frauds）は，17世紀にイギリスで制定されたものであるが，当時，すべての契約が，口頭で成立するとされていた。そのため，詐欺や偽証などが横行したため詐欺防止法（Statute of Frauds）が制定されたという経緯をもつ。その後，アメリカでは，ルイジアナ州を除く多くの州で，この詐欺防止法（Statute of Frauds）が採用された。ただ，イギリスでは，1954年に，詐欺防止法（Statute of Frauds）の適用範囲が大きく限定された。

　詐欺防止法（Statute of Frauds）では，書面は本格的（full-fledged）な契約（contract）である必要はない。また，契約（contract）が書面によることを要求するものでもない。1枚の紙に記載されている必要もない。複数枚にわたる当事者間の通信文も合意の覚書（memoranda of the agreement）として十分である。ファックスでもメモでもよい。

　すなわち，契約（contract）の重大な条項が表されており，契約責任を負うべき者により署名された1つ以上の書面が存在することのみを要求する。したがって，手紙（当事者でない者に対するものでも），受領証，または物品（goods）の数量がそのメモ上で示されている小切手でも足りる。また，電子的記録も書面の要件を満たす。重要なのは，重要な事項を示す何らかの書か

た物が存在することである。

　署名の要件としては，大半の裁判所は，署名の要件を緩やかに解釈する。署名は，手書きである必要はない。印刷またはタイプされたものでもよい。当事者のイニシャルまたはレターヘッドでもよい。また電子的署名でもよい。

　さらに，覚書は，契約当事者の双方の署名があることを要しない。義務を負う当事者（すなわち，訴訟を提起される当事者）のみの署名が要求される。したがって，署名に売主（seller）の署名はあるが買主（buyer）の署名がない場合で，買主（buyer）が売主（seller）に対して訴えを提起する場合，書面は詐欺防止法（Statute of Frauds）を満たすことになる。一方，売主（seller）が買主（buyer）に訴訟を提起する場合，その書面は十分であるとは言えない。ただし，物品（goods）の売買契約においては，商人の確認書の例外がある。

　前述のように，詐欺防止法（Statute of Frauds）の内容は，各州で異なるが，以下，統一商事法典（U.C.C.）第2編§2-201を中心に，詐欺防止法（Statute of Frauds）が適用される共通的な内容を解説する。

　詐欺防止法（Statute of Frauds）が適用される項目は，以下のが基本的なものである。

① 婚姻（Marriage）：M
② 不動産（Land）：L
③ 遺言執行者または遺産管理人（Executor or Administrator）：E
④ 5,000ドル以上の物品売買（Goods for $5,000 or more）：G
⑤ 保証契約（Surety）：S

　なお，末尾のイニシャル（M, L, E, G, S）は，それぞれ英文の項目のイニシャルであり，これらを1つにして「M-LEGS」と覚えると便利である。

　なお，統一商事法典（U.C.C.）の2003年改正までは，契約締結後1年以内に履行が終了しない契約も，詐欺防止法（Statute of Frauds）の適用対象とされていたが，2003年改正で，現在は，削除されている。ただし，多くの州ではまだ採択されている。また，上記④の5,000ドル以上の物品売買も，2003年改正までは，500ドルであったが，現在は，5,000ドルに変更されている。

(1) 婚姻（Marriage）：M

婚姻（marriage）を約因（consideration）とする約束は（promise），書面により示されたものでなければならない。これは，価値を有するものを申し出ることにより婚姻（marriage）を誘引する約束（promise）に適用される。

【事例 6－30】

> Alice が Bill に「もしあなたが私の娘 Cindy と結婚するのであれば，私はあなたたちに家を建ててあげる」と言った。

この場合，詐欺防止法（Statute of Frauds）が適用され，何らかの書面が必要である。ただし，Bill の署名を要する。Bill の署名のない書面がない限り，この約束（promise）は制約とは認められない。すなわち，書面がない場合，Bill と Cindy が結婚しても，Alice は彼らに家を与える法的義務はない。

(2) 不動産（Land）：L

不動産に権利を設定する約束（promise）は，書面により示されなければならない。これには，不動産の売買についての合意のみでなく，以下も含まれる。

① 1年以上の賃貸借
② 1年以上の地役権
③ 不動産定着物
④ 買主（buyer）が分割する場合の，鉱業権（もしくはそれに類似するもの）または建造物，
⑤ 譲渡抵当権及びその他大半の物的担保

建物を建築する契約または売主（seller）のために買主（buyer）を見つける契約（例：ブローカー契約）は，詐欺防止法（Statute of Frauds）の対象ではない。ただし，代理人やブローカーに権限を与えたり，雇用する契約は詐欺防止法（Statute of Frauds）の対象となる。

(3) 遺言執行者または遺産管理人（Executor or Administrator）：E

遺言執行者（executor）または遺産管理人（administrator）が遺産上の負

債を自身の財産から支払う約束（promise）は、書面により示されなければならない。

(4) 5,000ドル以上の物品（Goods for $5,000 or more）：G

5,000ドル以上の価格の物品（goods）の売買契約が詐欺防止法（Statute of Frauds）の下で強制力を有するには、一般的に署名のある書面により示されなければならない。

【事例6-31】

> AliceがBillに、「私の自動車を7,000ドルで、あなたに売る」と言ったので、Billは、それに承諾した。ところが、この契約については、なんら書面を残さなかった。その後、AliceはBillに「やはり、私の自動車を売らない」と言い出した。

この場合、なんら書面を残していないので、詐欺防止法（Statute of Frauds）により、この契約（promise）には法的拘束力（legally binding）がない。もし、何らかの書面があり、それにAliceがサインしていれば、法的拘束力（legally binding）が生まれ、契約違反（breach）となる可能性がある。

【事例6-32】

> AliceがBillに、「私の自動車を7,000ドルで、あなたに売る」と言ったので、Billは、それに承諾した。そこで、Billが自分の手帳に「Aliceの自動車を7,000ドルで買う」と書いた。その後、AliceはBillに「やはり、私の自動車を売らない」と言い出した。

この場合、Billは自分の手帳にメモを単に残したのであって、債務者（obligor）であるAliceの署名が入っていないので、詐欺防止法（Statute of Frauds）により、この契約には法的拘束力（legally binding）がない。

書面が条項を省略または条項を不正確に述べたものであったとしても、書面は十分なものであるが、契約（contract）は書面に示された物品（goods）の

数量を超えて強制することはできない。

【事例6-33】

> 詐欺防止法（Statute of Frauds）の要件を満たすため，Aliceは，製品の売主（seller）であるBillに以下の内容の署名が入った覚書（memorandum）で申込を行った。
> ① 製品をAliceに売る，もしくは，
> ② Aliceに1,500個の製品を売る

本事例の①の場合，この書面には数量の条項がないため，契約は成立しない。②の場合は，この書面は1,500個までの製品の売買契約を成立させる。実際の数量の合意が15,000個であった場合，合意は1,500個だけ有効となる。しかし，数量の合意が150個であった場合，実際の150個の合意が有効となる。

なお，書面が不要な場合は，以下の3つがある。
① 特別に製造された製品
② 訴答または法廷における自認
③ 物品（goods）の支払いまたは引渡し

【事例6-34】

> 宝石職人であるAliceは，BillからBillの婚約者に贈るための結婚指輪と結婚指輪のデザインと製作を委託された。Aliceのデザインを活かすためには，宝石鑑定士であるCindyからダイヤモンドを購入する必要があった。AliceはCindyと口頭で，20,000ドルでダイヤモンドを購入する契約を締結した。Cindyは，結婚指輪に適したダイヤモンドをAliceに渡し，Aliceはそれを受け取った。後日，Cindyは，AliceがCindyに対しての支払いを行っていないと主張したところ，Aliceは，口頭契約であるため強制力がないと主張した。

一部の支払い,または引渡しがなされ受領された場合,受領された範囲において契約（contract）は拘束力（binding force）を持つ。詐欺防止法（Statute of Frauds）は適用されず,書面がなくても法的強制力がある。本件の場合,Cindy は 20,000 ドルの全額が回復可能となる。

なお,商人間の契約（contract）において,一方当事者が,口頭の合意がなされてから合理的期間内に,他方当事者に対して詐欺防止法（Statute of Frauds）の下で送付者を拘束するのに十分な書面による確認書（written confirmation）を送付した場合,以下が満たされていれば,それは受領者をも拘束する。これを確認書の原則（Confirmatory Memo Rule）という。

① 受領者が確認書の内容を知るべき理由を有していること,及び
② 受領者が受領から 10 日以内に書面により異議を述べないこと。

(5) 保証契約（Surety）：S

他者の負債または不履行に応じる約束（promise）は,書面により示されなければならない。この約束（promise）は,不法行為（tort）または契約（contract）の結果として生じたものでもよいが,それは他者の支払約束の担保としてなされるものでなければならず,主たる支払約束であってはならない。しかしながら,約束者（promisor）の主たる目的が自身の金銭的利益を資することにある場合,たとえ他者の負債を支払う効果があるとしても,その契約に詐欺防止法（Statute of Frauds）は適用されない。

【事例 6 − 35】

> Alice が Bill に,「Cindy に,この万年筆を渡してください。Cindy が代金を支払わなければ,私がお支払いします」と言った。

この場合は,詐欺防止法（Statute of Frauds）が適用される保証（担保）の約束（promise）であり,書面が必要である。

【事例6−36】

Aliceが Bill に,「Cindy に, この万年筆を渡してください。代金は, 私がお支払いします」と言った。

この場合は, 保証(担保)の約束(promise)ではないので, 詐欺防止法(Statute of Frauds)が適用されず, 書面がなくても強制力がある。

(6) その他の詐欺防止法(Statute of Frauds)の適用

これら以外で, 多くの州が詐欺防止法(Statute of Frauds)を適用している事項は, 以下のとおりである。

① 約束者(promisor)の生存中に履行されない契約(たとえば, 遺贈契約)
② 支払総額が1,000ドル以上のリース契約(U.C.C.§2A−201)
③ 証券の売買契約(U.C.C.§8−319)
④ 5,000ドルを超える訴訟または抗弁の方法によって執行できる範囲の動産についての契約(U.C.C.§1−206)
⑤ 債権者(obligee)の所有にない動産, 穀物または定着物における保証の利益を創設したり, 保持しうる契約(U.C.C.§9−203)

なお, 覚書の一般的な要件として, 契約法第2次リステイトメント(Restatement (Second) of Contracts)は, 以下のように定義している。

【Restatement (Second) of Contracts §131】

第131条
追加の要件が特別の制定法によって規定されている場合を除いて, それが書面によって証拠づけられ, 責任ある当事者に代わって署名され, 以下のようなものであるならば, 詐欺防止法の範囲内にある契約は執行しうる。
(a) その契約の主題を合理的に特定される場合
(b) それに関する契約が当事者間で作成されるか, 署名者によって相手方当事者へ提供されたことを十分に示している場合

(c) その契約において履行されない約束についての重要な条件 (condition) を合理的な確実さをもって述べている場合

(7) 書面性以外の要件 (U.C.C. § 2−201(3))

書面がない場合でも，以下の場合には，契約として法的拘束力をもつ。
① 履行済みの契約
　　一方の当事者が，すでに履行してしまっているような場合
② 裁判上の自白または自認
　　答弁書，証言などにより，契約の締結の事実を自白または自認した場合
③ 特注品 (specially made goods)
　　特注品 (specially made goods) であり，容易に転売できないものであるような場合

なお，5,000ドルを超える物品売買において，書面が不要な場合は，特注品 (specially made goods)，商人による確認書 (written confiramation by a merchant)，法廷での自認 (admission in court)，履行済 (performance) がある。これらのイニシャルをとって，SWAPと覚えておくと便利である。

【事例6−37】 Boone v. Coe, 153 Ky. 233, 154 S.W. 900 (Ky. 1913)

　被告 (defendant) である Coe は，テキサス州の農地を所有し，原告 (plaintiff) である Boone と Coe はケンタッキーに居住する農夫であった。Coe は，Boone と口頭による契約 (promise) を締結し，Boone が，住居と仕事を離れ，家族，馬，荷馬車を連れてテキサス州にある Coe の農場へ移住してくれれば，到着時から1年間，農地を賃借すること，小麦，とうもろこし，綿の栽培・管理をするなら，農場に居住を備え，用具と穀類の収納小屋を建てるために必要な資材を供給すること，農場の一部を耕作し，収穫物を受領しうることを約束した。

　この契約 (contract) に従って，Boone は，家族，馬，荷馬車を連れてテキサス州の農場へ移住したが，それに55日を要した。到着したとき，Coe は，住居を備えておらず，収納小屋を建てる資材を供給せず，農場の占有も

耕作も拒否した。そのため，Booneは，ケンタッキー州の家に帰ることとし，4日間を要して到着した。
　そこで，Booneは，賃貸借契約違反を理由に，Coeに対し，往復の実費，費やされた時間の損失相当額，滞在費など，契約（contract）を信頼して被った合計1,387ドルの損害賠償の訴えを提起した。原審は，訴えを棄却したので，Booneが上訴した。

　詐欺防止法（Statute of Frauds）によれば，不動産（real estate）に権利を設定する約束（promise）は，書面により示されなければならない。この事件では，Booneが敗訴した。

【事例6-38】　Farmland Service Coop, Inc. v. Klein, 244 N.W. 2d 86（Neb. 1976）

　原告（plaintiff）であるFarmland Service Coop, Inc. は，ネブラスカで穀物取扱業を営む協同組合であった。地域の農場から穀物を買い付け，大手の穀物業者へ売り渡す事業を営んでいた。1973年に，Farmland Service Coop, Inc. は，被告（defendant）である農場主Kleinからトウモロコシを1ブッシェル当たり1ドル39セントで，9万ブッシェル購入することを計画した（1ブッシェルは35.24リットル）。電話で購入の申込を行い，6月から8月にかけて引渡しを受ける約束を取り付けると，早速，別の電話でそれを転売する契約を結んだ。
　しかし，後の方の契約は，取引先から売買確認書が届けられたものの，Farmland Service Coop, Inc. とKleinの間の契約（contract）は，全く当初の電話のみで，それを確認する書面を送付するということもなかった。ところが，この年，穀物価格が急に騰貴し（いわゆるオイルショックの年），約定の値段で引き渡すのが惜しくなったKleinは，トウモロコシの引渡しを拒絶した。
（注：当時，詐欺防止法（Statute of Frauds）では，500ドル以上の価格の物品の売買契約は，書面を要していた。）

本件では，総額で12万ドルにもなり，詐欺防止法（Statute of Frauds）が適用され，原告（plaintiff）である Farmland Service Coop, Inc. が敗訴した。ネブラスカ州最高裁判所は，Farmland Service Coop, Inc. の約束的禁反言（promissory estoppel）の法理に基づく主張を否定し，詐欺防止法（Statute of Frauds）が適用されるケースとして，単に口頭の約束（promise）を履行しないことだけで，約束的禁反言（promissory estoppel）の法理が適用されるとすれば，詐欺防止法（Statute of Frauds）による書面の要件が常に意味を持たなくなり，詐欺防止法（Statute of Frauds）の適用の余地がなくなると判示した。

このように，この事件では，約束的禁反言（promissory estoppel）の法理よりも，詐欺防止法（Statute of Frauds）の規定を重視した判決となっているが，この事例とは，全く逆の結論になった事件を以下に紹介する。

【事例6-39】 Decatur Cooperative Ass'n v. Urban, 547 P.2d 333（Kan. 1976）

原告（plaintiff）・上訴人である協同組合 Decatur Cooperative Ass'n は，Decatur 県で農場から穀物を購入し，それを穀物倉庫業者などに転売することを業としていたが，穀物価格で投機はしないという方針であった。すなわち，購入した穀物が貨物1台分ないし2,000ブッシェルに達した時点では倉庫業者に電話をかけて市価で売却する旨の口頭の契約を締結し，後日買主（buyer）から Decatur Cooperative Ass'n に確認書が送られてくるという手続きが確立しており，この方法は Decatur 県ではよく知られていた。被告（defendant）・被上訴人である農場主 Urban,は，Decatur 県に住む Decatur Cooperative Ass'n の組合員であり，約20年間，小麦栽培に従事していた。

Decatur Cooperative Ass'n の主張によれば，1973年7月26日，Decatur Cooperative Ass'n と Urban は，Urban が Decatur Cooperative Ass'n に1万ブッシェルの小麦を1ブッシェル2.86ドルで売る契約（引渡し日9月30日）を電話で締結した。通常，Decatur Cooperative Ass'n はそのような電話の後直ちに売主（seller）に対して契約内容について確認書を送ることに

しており，今回も Urban に確認書を送った。Urban はそれを合理的期間内に受け取り，目を通したが，その内容について10日以内に書面による異議を述べることはなかった。また，Decatur Cooperative Ass'n は，Urban との電話の翌朝，訴外 A にその小麦を1ブッシェル3.46ドルで転売した。その後，小麦の市場価格は高騰し，1ブッシェル4.50ドルになった8月13日に，Urban は Decatur Cooperative Ass'n に対して履行しない旨を伝えた。

そこで，Decatur Cooperative Ass'n が一次的に履行を求め，二次的に損害賠償を求める訴訟を提起したところ，契約の存在を否認し，仮に契約が存在するとしても，それは口頭のものであって詐欺防止法（Statute of Frauds）の書面の要件を満たしていないから強制不能であると抗弁した。事実審裁判所はこの抗弁を容れ，Decatur Cooperative Ass'n 敗訴の正式事実審理を経ない判決を下した。そこで，Decatur Cooperative Ass'n が上訴した。

カンザス州最高裁判所は，詐欺防止法（Statute of Frauds）が要求するような書面はないが，約束（promise）を信頼した者がその信頼に基づいて自らの地位を不利に変更した場合，約束者（promisor）がその約束（promise）を覆すような主張をすることは許されないという約束的禁反言（promissory estoppel）の法理に基づいて Decatur Cooperative Ass'n を救済した。

【事例6-38】と異なる点は，Decatur Cooperative Ass'n は，直ちに売買確認書を作成し，Urban に郵送し，Urban もそれを受け取って読んでいたことである。

練習問題

以下の判例を読んでみよう。
1. Raffles v. Wichelhaus, H. & C. 906, 159 Eng. Rep. 375 (1864)
2. Speiss v. Brandt, 41 N.W. 2d 561 (Minn. 1950)
3. Classic Bowl, Inc. v. AMF Pinspotters, inc., 403 F. 2d 463 (7th Cir. 1968)
4. Halbman v. Lemke, 298 N.W. 2d 562 (Wis. 1980)
5. Williamson v. Matthews, 379 So. 2d 1245 (Ala. 1980)

6. Uribe v. Olson, 601 P.2d 818（Ore. 1979）
7. Alaska Packers' Ass' v. Domenico（9th Cir. 1902）
8. Williams v. Walker-Thomas Furniture Co.（D.C.Cir. 1965）
9. Searbrook v. Commuter Housing Co., 338 N.Y. S.2d 67（1972）
10. Henningsen v. Bloomfield Motors, Inc., 161 A.2d 69（N.J. 1960）
11. Boone v. Coe, 153 Ky. 233, 154 S.W. 900（Ky. 1913）
12. Farmland Service Coop, Inc. v. Klein, 244 N.W. 2d 86（Neb. 1976）
13. Decatur Cooperative Ass'n v. Urban, 547 P.2d 333（Kan. 1976）

第7章

契約の解釈と契約条項（Contract Construction and Clause）

◆学習のねらい

　契約（contract）があったとしても，それが不明確であり，何を意味しているのかがあいまいな場合がある。そのため，契約（contract）の中で述べられている言葉もしくは文言の意味を正確に確定し，それに対して，どのような法的効果があるかを考えていかなければならない。

　本章では，契約の解釈について学習することにしよう。

1. 契約解釈の一般原則（General Rules of Contract Construction）

　契約（contract）の解釈には，"interpretation" と "construction" の2種類がある。"interpretation" とは，契約（contract）の中で述べられている言葉もしくは文言の意味を正確に確定していくことであり，"construction" とは，それに対して，どのような法的効果があるかを考えていくことである。このように，契約（contract）の解釈には2ステップあり，これらは主に裁判所が行う。

　しかし，この作業は容易ではない。そもそも，契約（contract）の中で述べられている言葉もしくは文言の意味を正確に確定できるのかという問題がある。明確に判断できる場合もあろうが，契約締結時の状況や文脈によって，明確性を欠く場合もある。

このような困難な状況において，裁判所が契約（contract）の内容を解釈する場合の主な一般原則は，以下のとおりである。

① 契約（contract）は，全体を考慮して解釈する。契約（contract）の中の個別の条項の解釈は全体として整合性を保って解釈する。
② 契約締結時の当事者の状況を考慮して解釈する。
③ 履行（performance）の経過や取引の経過，取引慣行を考慮して解釈する。
④ 当事者の契約（contract）の目的を考慮し，それに向かう方向で解釈する。これを「目的論的解釈の原則」（Objective Interpretation Principle）と呼ぶ。
⑤ 契約（contract）の中で使われている専門用語（terminology）または特殊な用語は，契約（contract）の中で専門的または特殊な用語の意味で使用されるべきものと明示されていない限り，裁判所は，その専門用語を，通常かつ一般的に使用されている意味に従って解釈する。
⑥ 契約書の中の条項に不一致または矛盾がある場合，手書きで契約書内に書き込まれた条項またはタイプされた条項は，印刷された条項に優先する。なぜなら，印刷されたものに，後で書き込まれたことが明らかであるからである。
⑦ 一般的に，特定のビジネスにおける慣習もしくは慣行，または契約（contract）が成立もしくは履行（performance）された特定の場所における慣習（custom）及び慣行（practice）を考慮する。
⑧ 一般的に，できるかぎり契約（contract）が有効で強制力を有するという結論に至るよう解釈する。
⑨ 公益（public interest）に配慮して解釈する。
⑩ 契約書を起草した当事者に不利なように解釈する。特に，契約（contract）の文言の多義性（latent ambiguity）は，当事者の意思を示す証拠がない限り，契約書を起草した当事者に不利に解釈される。これを「作成者に不利（contra proferentem）の原則」という。
⑪ 当事者が，ある特定の事柄について詳しく規定する場合，原則として，他の事柄は排除する趣旨と解釈する。これは「特定事項の適時は他を排

1. 契約解釈の一般原則 (General Rules of Contract Construction)

除する」(expressio unius est exclusion alterius) という原則である。
⑫ 契約書中，特定の事柄を列挙し，最後に一般的な文言を付加した場合，最後の一般的な文言は，先に列挙された特定の事柄と同類のものと解釈する。これは「同類と解釈する (ejusdem generis)」の原則である。

これらの根拠として，契約法第 2 次リステイトメント (Restatement (Second) of Contracts) は，以下のような規定を設けている。

【Restatement (Second) of Contracts §201】

第 201 条
(1) 当事者が約束，同意またはそこでの条項へ同一の意味を付与させていた場合，それはその意味に従って解釈される。
(2) 当事者が約束，同意またはそこでの条項へ異なった意味を付与させていた場合，契約がなされたときに，次のような事情があれば，当事者の 1 人によって付与させられた意味に従って解釈される。
  (a) 当事者が他方の当事者によって付与された異なった意味を知らず，他方の当事者が最初の当事者によって付与させられた意味を知っていた場合
  (b) 当事者が他方の当事者によって付与された異なった意味を知る理由をもっておらず，他方の当事者が最初の当事者によって付与させられた意味を知る理由をもっていた場合
(3) この条項で述べられている場合を除いて，その結論が相互の同意がなかったことになる場合であっても，当事者は他方の当事者によって付与された意味によって拘束されない。

契約法第 2 次リステイトメント (Restatement (Second) of Contracts) の「知る理由をもっていた場合」について，契約法第 2 次リステイトメント (Restatement (Second) of Contracts) は，以下のように規定している。

【Restatement (Second) of Contracts　§202】

第202条
(1) 言葉と他の行為はすべての状況に照らして解釈され，両当事者の主たる目的が確かめられるならば，それは大きなウェイトを与えられる。
(2) 書面は全体として解釈され，同一の取引の一部であるすべての書面は一緒に解釈される。
(3) 異なった意図が表明されいている場合を除いて，
　(a) 言語が一般的に広くいきわたっている意味を持っている場合には，それはその意味に従って解釈される。
　(b) 技能についての技術的な用語と言葉は，それらの技術的な領域内にある取引に用いられているとき，それらの技術的な意味が与えられる。
(4) 合意が履行の性質について知り，他方の当事者によってその履行に異議を述べる機会をもっているいずれかの当事者による繰り返される履行を含んでいる場合，異議なしに受領または従われた履行の過程は，その合意の解釈において大きなウェイトを与えられる。
(5) 合理性があれば，約束または合意への当事者の意図の表明は，履行の過程，取引の過程または取引慣行に関連する事柄と互いに一致しているものとして解釈される。

なお，一般的な解釈基準について，契約法第2次リステイトメント (Restatement (Second) of Contracts) は，以下のように規定している。

【Restatement (Second) of Contracts　§203】

第203条
　約束または合意あるいはそこでの条項の解釈において，次の優先順位は一般的に適用される。
　(a) すべての用語に対して合理的で，適法かつ有効な意味を与える解釈は，不合理，不適法または有効でない部分を残している解釈に優先される。
　(b) 明確な用語は履行の過程，取引の過程，取引慣行よりも大きなウェイトを与えられ，履行の過程は取引の過程または取引慣行よりも大きなウェ

イトを与えられ，そして，取引の過程は取引慣行よりも大きなウェイトを与えられる。
(c) 特別の用語と正確な用語は一般的な言語よりも大きなウェイトを与えられる。
(d) 別々に合意されたり加えられた用語は標準化された用語または別々に合意されていない他の用語よりも大きなウェイトが与えられる。

2. 口頭証拠排除法則（Parol Evidence Rule）

　口頭証拠排除法則（Parol Evidence Rule）とは，契約当事者が最終的に契約書を作成した場合，契約書の内容と矛盾し，またはその内容を変更するような他の証拠，たとえば，口頭による別の合意を裁判所は排除するという原則である。

　すなわち，口頭証拠排除法則（Parol Evidence Rule）とは，書面による契約（contract）の内容を決定するについての法則であり，口頭証拠によって書面による契約（contract）の内容を修正することを許さないという法則である。

　契約当事者が，完全かつ最終的な表現を具体化する意思（intent）をもって，書面により合意を表明した場合，すなわち，書面が完全性（integrity）を備えた場合，その書面よりも以前にされた他の表現（書面，口頭であれ），書面と同時になされた口頭の表現，またはその後の口頭の表現は，口頭証拠排除法則（Parol Evidence Rule）により，すでに作成された契約書の書面の内容を変更することは認められない。

　このように，口頭証拠排除法則（Parol Evidence Rule）の適用のためには，契約当事者の最終的な合意が，すべて契約書の中に含まれていることが前提となる。

　このように最終的な合意を記した契約書を最終的契約書（integrated agreement）という。また，実務的には，契約書の中の条項として，完全合意条項（entire agreement）を含めることが多い。これを完全条項（merger clause）という。これは，この口頭証拠排除法則（Parol Evidence Rule）を明示的に示したものと考えることができ，この条項により，契約書の内容を完全かつ最

終的なものとすることを両当事者が合意していることを示す。典型的な、完全合意条項（entire agreement）は、以下のとおりである。

【事例7−1】

> Article X　Entire Agreement
> 　This Agreement constitutes the entire agreement between the parties hereto and supersedes any prior arrangement or understanding relating to the subject matter contained herein.

　【事例7−1】では、「本契約は当事者間の完全合意を構成するものとなり、本契約は契約前のすべての合意に優先するものとする。」という意味となる。この条項が契約書の中に一般条項（general provision）として記載されていれば、契約書に記載されていないものは、契約（contract）から排除される。

【事例7−2】

> 　Aliceが、Billに自動車を10,000ドルで売るという申込をし、Billが承諾した。そして両当事者は、完全合意条項（entire agreement）のある契約書を締結した。その後、AliceがBillに、11,000ドルにすると言った。しかし、契約書の内容を変更して、新しい契約書または変更覚書を締結することはなかった。

　この場合、AliceがBillに言った11,000ドルという価格は、口頭証拠排除法則（Parol Evidence Rule）により排除される。
　契約（contract）の書面が、契約当事者の合意が、完全性を有するか否かについては、契約（contract）の書面が、最終的な契約（contract）の表現として意図されたものかどうかを考慮しなければならない。また、契約（contract）の書面の中で、合意がその文面上完全であることを示す完全条項（merger clause）、すなわち実務的には完全合意条項（entire agreement）がある場合、すべての合意内容が書面に含まれていると解釈される。なお、これらの解釈は、一般的には、陪審によってなされるものではなく、裁判官によっ

2. 口頭証拠排除法則（Parol Evidence Rule） 109

て判断される。

【事例7−3】 Mitchill v. Lath 247 N.Y. 377, 160 N.E. 646（1928）

> 　被告（defendant）・上告人のLath一家は，売却を希望している農場を所有するほか，道を挟んだ向かい側には他人の土地に建てた氷室も所有していた。1923年秋，農場を購入しようと現地を視察した原告（plaintiff）・被上告人のMitchill夫人は，その見栄えの悪い氷室が邪魔だと思った。すると被告（defendant）であるLathは，農場購入と引き換えに氷室を翌春までには撤去すると口頭にて約束した（口頭契約）。
> 　これを信じた原告（plaintiff）であるMitchill夫人は，8,400ドルを対価とする不動産譲渡証書を取り交わし権利証も入手して農場に入った。また，夏の保養所として相当額を注ぎ込んだ。しかし，Lathは氷室を移転する約束を履行しなかった。Mitchill夫人は口頭契約の履行の強制（特定履行）を求めて提訴した。第1審，第2審ともにMitchill夫人の請求を認めた。そのため，Lathは上告した。

　この事例では，ニューヨーク州最高裁判所は，Lath勝訴の逆転判決を言い渡した。根拠は，Mitchill夫人が依拠する証拠は契約文書以外の証拠であり，このような内容は，通常，契約書に記載されるはずであるとして，Mitchill夫人の主張を認めなかった。

【事例7−4】 Gianni v. R. Russel & Co. Inc., 126 A. 791（Pa. 1924）

> 　原告（plaintiff）であるGianniはビルの1室を借りて，たばこ，果物やソフト・ドリンクを販売する雑貨店を営んでいた。ビルの持主が代わって，新たに3年の賃貸借契約が結ばれたが，今度は，「たばこの販売は厳禁のこと，それに反した場合は直ちに賃借の権利を失う」という条項が挿入された。
> 　Gianniの主張によれば，その代償として，ソフト・ドリンクの販売についてはこのビルの中でGianniだけにその権利を認めるという被告（defendant）であるRussel & Co. Inc.からの約束があった。だが，書面の中に

は明記されなかった。

その後，Russel & Co. Inc. は，別の業者に部屋を貸す際に何ら条件（condition）をつけず，結果として，ソフト・ドリンクの販売がそこでも行われた。そこで，Gianni は，契約違反を理由に損害賠償を求めて Russel & Co. Inc. を訴えた。第1審は Gianni が勝訴したが，それを不服とし，Russel & Co. Inc. が上訴した。

ペンシルバニア州最高裁判所は，下級審の判決を覆し，原告（plaintiff）である Gianni が敗訴した。裁判の中で，Gianni は，契約交渉の際とその調印の時に，Russel & Co. Inc. の代理人からソフト・ドリンクの独占販売の話があったこと，及び証人もいると主張したが，裁判所は，詐欺も錯誤もない状態で，当事者が意図的に契約（contract）を書面にした場合，法律上，この書面は合意の最良の証拠であるばかりではなく，唯一の証拠であるとして，口頭証拠排除法則（Parol Evidence Rule）を適用した。

3. 売買に関する規定（Regulations of Sales）

(1) 書式の抵触（Battle of the Forms）

伝統的なコモン・ロー（common law）では鏡像原則（Mirror Image Rule）が適用される。しかし，実際の取引での物品（goods）の売買契約（sales contract）では，統一商事法典（U.C.C.）第2編は，これを修正している。

【事例 7-5】

Red 社は，商品を Blue 社から購入している。Red 社は，Red 社の定型の注文書を Blue 社に送った。これに対し，Blue 社は Red 社に Blue 社の定型の承諾書を返送した。しかし，それぞれの定型文書の条件（condition）が異なっていた。

このように，承諾（acceptance）の条項が申込（offer）の条項に適合しないものであったとしても，契約（contract）は成立する。これは，取引の両当

事者が商人（merchant）であるか否かに依拠し，当事者が商人（merchant）でない場合，契約（contract）は成立せず，原則通り，承諾書は反対申込（counteroffer）となる。

契約当事者のいずれかが商人（merchant）でない場合，追加条項または異なる条項は，単なる契約（contract）の修正の提案であり，申込者が明示に合意しない限り，契約（contract）の一部ではない。すなわち，非商人（non-merchant）が関与する取引の場合には，申込（offer）の条項にしたがう（原則）。

一方，商人間の契約（contract）の場合には，承諾（acceptance）における追加条項が通常認められる。すなわち，契約当事者がともに商人（merchant）である場合，承諾における追加条項が契約に含まれる。但し，以下の場合を除く。

① 追加条項が申込の元の条項を実質的に変更する場合（例：当事者の危険または利用可能な救済手段を変更する場合）
② 申込が明示的に，申込の条項に対する承諾を制限する場合，または，
③ 申込者がすでに特定の条項に対して異議を述べていたか，もしくは承諾（acceptance）の通知を受けた後，合理的期間内に異議を述べた場合

但し，申込の条項と異なる承諾（acceptance）における条項が契約（contract）の一部となるかについては，判例は一様ではない。

これについて，統一商事法典（U.C.C.）第2編は，以下のように規定している。

【Uniform Commercial Code §2-207】

第2編第207条
(1) 明確かつ適時に承諾の表示がなされ，または合理的な期間内に書面による確認がなされた場合，たとえそこに申込条項や合意条項と異なる条項やそれに附加する条項が新たに含まれていたとしても，承諾としての効力を有する。ただし，承諾の中で，これらの附加条項や異なる条項に対する同意を明示的な条件（condition）としている場合には，この限りでない。
(2) 附加条項は契約にそれを付け加える申し出と解釈しなければならない。商人間においては，これらの附加条項は以下の場合を除いて，契約の一部と

なる。
- (a) 初めの申込が，申込条項のまま承諾するように明示的に要求している場合，
- (b) 附加条項によって申込に重要な変更が加えられている場合，または，
- (c) 附加条項への意義がすでになされているか，もしくは，附加条項の通知後，合理的期間内に異議がなされる場合。

(3) 当事者の書面だけでは契約が成立したといえない場合でも，契約の存在を認めるような行為が両当事者にあれば売買契約は成立する。この場合，当該契約の条項は，当事者が書面で合意した条項と本法の他の条文によって補充される条項によって構成される。

(2) 補充条項

契約（contract）の中で，いくつかの事項が，未決定の場合がある。このような場合，どのようにこれらの未決定の事項を補充するのであろうか。

(a) 価格（price）

価格（price）について，契約（contract）の中で何も決められていない場合がある。また，契約当事者により後で合意されるものとして，価格（price）が決定されないまま契約（contract）を結ぶ場合もある。

このように，価格（price）について，契約当事者による合意に至らない場合，または，価格（price）が，第三者（third party）もしくは代理人によって決定されるとして，一定の基準の条項に従って決定されるものとしたが，まだ決定されていないような場合は，価格（price）は，引渡し時における合理的（resonable）な価格（price）とされる。

【事例7−6】

Red 社は，靴100足を Blue 社から購入する契約を締結したが，その価格についての合意はなかった。

この場合には，価格（price）は，引渡し時における合理的（resonable）な

価格（price）とされる。たとえば，同じような靴が 300 ドルであり，その価格（price）が，その時点で合理的（reasonable）な価格（price）であれば，裁判所は，その価格（price）を補充する。

(b) 引渡し場所

引渡し場所が，契約（contract）の中で特定されていない場合がある。このような場合，売主（seller）が事業地を有するのであれば，通常，売主（seller）の事業地が引渡し場所とされる。売主（seller）が事業地を有さない場合には，売主（seller）の居宅になる。

【事例 7－7】

> Red 社は，靴 100 足を Blue 社から購入する契約を締結したが，引渡し場所についての合意はなかった。

この場合には，売主（seller）の事業地が引渡し場所とされるので，Blue 社の事業所が引渡し場所とされる。

(c) 発送または引渡しの時期

発送または引渡しの時期が特定されていない場合もある。このような場合，発送及び引渡しは，合理的期間内になされるものとされる。

【事例 7－8】

> Red 社は，靴 100 足を Blue 社から購入する契約を締結したが，発送及び引渡し時期についての合意はなかった。

この場合には，発送及び引渡しは，合理的期間内になされるものとされる。通常，注文を受けた後，1 週間以内に発送されるのであれば，それを基準に補充される。

(d) 支払いの時期及び場所

支払いの時期が特定されていない場合もある。このような場合，支払いは買主（buyer）が物品（goods）を受領したときに，その場所でなされるものとされる。

【事例7－9】

> Red 社は，靴 100 足を Blue 社から購入する契約を締結したが，支払いの時期及び場所についての合意はなかった。

この場合には，Red 社が物品（goods）を受領したときに，その場所でなされるとする。

(e) 買主（buyer）の選択

契約（contract）において，組み合わされた物品（goods）（例：種々の色とサイズの洋服）を引き渡すものと規定されており，いずれの当事者が選択すべき者であるか特定されていない場合，物品（goods）の組み合わせは買主（buyer）の選択による。

組み合わせを特定する権利を有する当事者が適切な時期にそれをしない場合，他方当事者は遅延が免責され，合理的な態様において手続きを進め（例：合理的な組み合わせを選択する），またはその不履行を違反として扱うことが認められる。

(3) 危険負担（Burden of Risk）

物品（goods）の売買に関する危険負担（burden of risk）については，統一商事法典（U.C.C.）第2編が規定している。統一商事法典（U.C.C.）が制定される前までは，当事者の責に帰すことができない事由によって物品（goods）に破損があった場合，危険負担（burden of risk）は所有者が負うという原則があった。そのため，物品（goods）の権原（title）が，いつ移転したかが重要なポイントであった。このため，公平な解決につながらない場合が多くあり，統一商事法典（U.C.C.）第2編では，これを修正した。

3. 売買に関する規定（Regulations of Sales） 115

　統一商事法典（U.C.C.）第2編は，以下のように危険負担（burden of risk）について規定している。

【Uniform Commercial Code §2-509】

第2編第509条
(1) 売主が物品の送付・積出しの責任を負う場合（一般的なケース）
　① 契約で物品の積出しが売主の責任とされているならば（船積地渡契約（shipment contract）），運送人に渡すまでは売主が危険を負担し，その後は，買主が負担する。
　② 契約で目的地までが売主の責任とされているならば（到達地渡契約（destination contract）），目的地に到達して買主へ提供するまでは売主が危険を負担する。
(2) 倉庫などに預けてある場合
　受託者が買主の権利に関する通知，すなわち買主が物品を買い取りその占有をする権利があるという旨の通知を受け，その権利を知った時点で，売主から買主に危険が移転する。したがって，この時点から，受託者は，買主のための受託者となる。
(3) それ以外の場合
　① 売主が商人である場合，買主は物品を受け取ったときに，売主から買主に危険が移転する。
　② 売主が商人でない場合，売主が物品を買主に提供したときに，売主から買主へ危険が移転する。

【事例7-10】　Courtin v. Sharp, 280 F.2d 345 (5th Cir. 1960)

　売主（seller）は，競走馬を飼育するケンタッキーの牧場主であり，買主（buyer）はルイジアナ州に住む弁護士であった。買主（buyer）は，友人に売主の牧場でよい仔馬を探してもらい，交渉した結果，売主（seller）は売買契約書を買主（buyer）に送った。その中で，仔馬は当分の間，売主（seller）の牧場で養育し，その対価として月80ドルを買主（buyer）が支払う旨記載されていた。1956年5月18日に，買主（buyer）はそれにサインをし，

一部代金の小切手を同封し郵送した。5月21日，それが売主（seller）に届いた。ところが前日の20日に仔馬が死んでしまった。それを知った買主（buyer）は，小切手の支払いを止めた。そのため，売主（seller）が買主（buyer）を訴えた。

1956年5月18日に郵送していることから，メイルボックス・ルール（mailbox rule）により，契約（contract）は成立している。よって，裁判所は，売主（seller）の主張を認めた。

運送人を利用しない場合，売主（seller）が商人（merchant）であれば，買主（buyer）が物品（goods）を実際に所有したときに危険負担（burden of risk）が買主（buyer）に移る。売主（seller）が商人（merchant でない場合，危険負担（burden of risk）は，引渡しの提供（tender of delivery）（売買が成立し，買主がいつでも所有できる状態）により買主（buyer）に移転する。いかなる物品（goods）の売買契約も，物品（goods）の引渡しを要件とする。以下，具体的にみてみよう。

【事例7-11】

Red社は，靴100足をBlue社から購入する契約を締結し，Red社は，2018年5月1日に靴100足を受領した。

この場合，Red社が靴100足を受領した2018年5月1日から，Red社の危険負担（burden of risk）となり，それまではBlue社が危険を負担する。

運送人を利用する場合には，当事者が運送人による物品（goods）の運送を意図する売買（例：インターネットで物を買う場合）には，船積地渡契約（shipment contract）と到達地渡契約（destination contract）がある。船積地渡契約（shipment contract）では，危険負担（burden of risk）は物品（goods）が運送人に引き渡された時点で買主（buyer）に移転する。到達地渡契約（destination contract）では，到達地（destination）において買主

（buyer）に提供された時点で買主（buyer）に移転する。

【事例7-12】

> Red社は，靴100足をBlue社から購入する契約を締結し，Blue社は，発送のため，2018年5月1日に靴100足を運送人のトラックに積み込んだ。その後，Red社は，Red社の事業所で，2018年5月3日に靴100足を受領した。

船積地渡契約（shipment contract）であった場合，2018年5月1日に靴100足を運送人のトラックに積み込んだ時点で，Blue社からRed社に危険負担（burden of risk）が移転する。一方，到達地渡契約（destination contract）では，Red社が，Red社の事業所で，2018年5月3日に靴100足を受領した時点で，Blue社からRed社に危険負担（burden of risk）が移転する。

なお，物品（goods）に重大（material）な瑕疵（defect）があり，買主（buyer）が受領を拒絶する権利を有する場合，危険負担（burden of risk）は，瑕疵（defect）が治癒されるまで，または，その瑕疵（defect）にもかかわらず買主が物品（goods）を受領するまで，買主（buyer）には移転しない。すなわち，買主（buyer）は，一般的に，いかなる瑕疵（defect）についても拒絶する権利を有する。

危険負担（burden of risk）は，特に海外との貿易では重要である。そのため，国際商業会議所が定めた貿易取引条件に関する国際規則「インコタームズ」（Incoterms）がある。最新のものは，2010年の「インコタームズ2010」（Incoterms2010）である。

この「インコタームズ2010」（Incoterms2010）は，貿易実務において，取引条件に広く利用されている。インコタームズ（Incoterms）は，3文字のアルファベットから構成され，FOB，CFR（C&F），CIFなどがあり，全部で2類型11種類がある。その中でも，CIF，CFR（C&F）とFOBなどがよく使用されている。

たとえば，CIFとは，Cost, Insurance, and Freight（費用，保険及び運賃）

の略称であり，CFR（C&F）とは，Cost and Freight（費用及び運賃）の略称である。これらでは，危険負担（burden of risk）は物品（goods）が運送人に引き渡されると買主（buyer）に移転する。

一方，FOBとは，Free on Board（本船渡し）の略称であり，FOBの文字の後ろには，常に場所が続き，この場所で危険負担（burden of risk）が買主（buyer）に移転する。売主（seller）は，指定の場所まで物品（goods）を届けるリスクと費用を負担する。

これらのインコタームズ（Incoterms）の詳細については，国際取引法の教科書などで学習されたい。

【事例7-13】

> ニューヨーク州の売主（seller）が，カリフォルニア州の買主（buyer）に対し「FOBニューヨーク」または「FOB売主の資材置場」として，1,000個の商品を売却した。

これは船積地渡契約（shipment contract）であり，運送中の危険は買主（buyer）が負担する。もし「FOBカリフォルニア」または「FOB買主の倉庫」であった場合，到達地渡契約（destination contract）であり，到達地まで危険は売主が負担する。

【事例7-14】

> 買主（buyer）は売主（seller）に対し，「FOB売主の工場」としてブルーの製品を注文した。しかし，間違えて，売主はブルーブラックの製品を発送した。

売主（seller）がブルーブラックの製品を発送したことにより，買主（buyer）は拒絶する権利を得る。製品が輸送中に破損した場合，売主（seller）がブルーの製品を発送していれば買主（buyer）が危険を負担するが，この場合，売主（seller）が危険を負担する。

その他に，返還権付売買というものがある。たとえば，買主（buyer）は転売のため物品（goods）を取得するが，転売できなかった場合は返還できるような場合である。この場合，物品（goods）が売主（seller）に返還される場合，輸送中の危険負担（burden of risk）は買主（buyer）にとどまる（医薬品など）。

また，承認権付売買では，買主（buyer）は使用のために物品（goods）を取得するが，それが契約に合致していても返還できる。買主（buyer）が承認するまで売主（seller）が危険を負担するような場合である（たとえば，サンプルを送るような場合）。

4. 担保責任（Warranty Liability）

物品（goods）の売買契約（sales contract）は，自動的に権原（title）の担保責任（warranty liability）を含む。これには，一定の黙示の担保責任（implied warranty liability）と明示の担保責任（express warranty liability）がある。

日本法では，契約（contract）の内容に何か問題が生じた場合，民法や商法に従って判断されるため，表明保証（representation and warranty）という概念は明確には存在しなかった。しかし，判例法国では，契約中にあらかじめ取り決めておくことが必要である。

なお，権原（title）とは，一定の法律行為，または事実行為をすることを正当化する法律上の原因のことである。また，担保責任（warranty liability）とは，製品の品質を一定期間保証することで，故障した場合は部品の交換などのサービスがある。

物品（goods）の品質や，その物の売主（seller）が正当な権原（title）を有することの保証のことである。warrantyと似た用語にguarantyという用語があるが，これは，製品の品質を一定期間保証することで，その条件（condition）に満たない場合には返金・返品する。金銭債務の不履行の責任を負うことの保証のことである。

【事例 7-15】

> Alice は，ある土地に木を植えた。

　Alice が，その土地の所有者であれば所有権が権原（title）となる。賃貸借契約等により土地所有者から木を植えることを許諾されていれば，その契約（または契約に基づく賃借権等）が権原（title）となる。

　物品（goods）を売買する売主（seller）は，その移転される権原（title）が有効なものであること，移転が適法であること，及び買主（buyer）が権原（title）につきその契約時に認識しなかった先取特権または土地に対する負担がないことを担保しなければならない。これを，権原（title）の担保責任（warranty liability）という。

　また，売却される種類の物品（goods）を扱う商人（merchant）である売主（seller）は，特許，商標，著作権または同種の請求の負担なく物品（goods）を引き渡すことを自動的に保証しなければならない。これを権利侵害に対する担保責任（warranty liability）という。

　物品（goods）が商品性（merchantability）を有することの担保責任（warranty liability）が存在することも必要である。これを，商品性の黙示の担保責任（implied warranty liability）という。物品（goods）が商品性（merchantability）を有するためには，そのような物品（goods）が用いられる通常の目的に適合していることを要する。売主（seller）が瑕疵（defect）を認識していたこととは関係なく，無過失責任（absolute liability）である。

　なお，特定目的（particular purpose）への適合性についての黙示の担保責任として，以下の担保責任（warranty liability）は常に黙示される。

① 商人か否かを問わずすべての売主（seller）が，物品（goods）を使用する特定目的（particular purpose），及び買主（buyer）が適切な物品（goods）を選択するために売主（seller）の技術及び判断を信頼していることを知るべき理由がある場合，及び

② 売主（seller）の技術及び判断を買主（buyer）が実際に信頼する場合

4. 担保責任（Warranty Liability）

【事例7-16】

> レース用の自動車の整備を趣味とする売主（seller）である Alice は，レースの初心者である Bill にそれを売却した。ところが，Bill がレース中に曲がるとき，その操縦装置が壊れた。

買主（buyer）がレースに適合した自動車の供給を売主の判断に頼っていることを売主（seller）が知るべき理由を有する場合，特定目的（particular purpose）（レース用，売主を信頼）への適合性の担保責任（warranty of fitness）に違反することとなる。

【事例7-17】

> 法学部の学生である Alice が，Bill に中古の自動車を売ったが，Bill がドライブ中に操縦装置が壊れた。

売主（seller）の技術に基づく選択の要素が存在しないため，特定目的（particular purpose）への適合性の担保責任（warranty of fitness）の違反はない。

【事例7-18】

> 法学部の学生である Alice が，Bill に中古の自動車を売ったが，Bill がドライブ中に操縦装置が壊れた。ところが，Alice は自動車に特定の瑕疵（defect）があることを知っていて，Bill にこの事実を伝えていなかった。

誠実さの欠如（lack of good faith）を理由として，売主（seller）は責任を負う。

売主（seller）が買主（buyer）に対して行ったすべての事実の確認または約束，すべての物品（goods）の説明書，及びすべてのサンプルもしくは見本は，その供述，説明書，サンプルもしくは見本が，取引の基礎の一部である場合，明示の担保責任（express warranty liability）を作出する。

その供述，説明書，サンプルもしくは見本が取引の基礎の一部となるためには，契約締結時に買主（buyer）がそれを信頼しえた時点において存在したことのみを要する。買主（buyer）は実際に信頼したことを証明する必要はない。しかし，売主（seller）が，買主（buyer）が事実問題として信頼していなかったことを証明することにより，担保責任（warranty liability）を否定できる。

なお，単に，物品（goods）の価値のみに関係する供述，または物品（goods）についての売主（seller）の意見もしくは推薦のみを意図する供述または表明は，明示の担保責任（express warranty liability）を生じさせるものではない。

5. 担保責任の免責（Disclaimer of Warranties）

契約（contract）の中に，故意または過失により生じた損害（damage）については責任を負わないとする免責条項（disclaimer clause）がある場合がある。ただし，このような免責条項（disclaimer clause）があったとしても，故意についての免責は無効である。

しかし，過失により生じた損害について有効かというと，そうではない。場合によっては，契約（contract）に免責条項（disclaimer clause）があっても無効とされることがある。特に，契約当事者が対等な関係がない場合，一方的に有利な条件として，免責条項（disclaimer clause）を契約（contract）の中に入れる場合があり，明らかに不公平となる場合があるからである。

【事例7-19】

> 売主（seller）は買主（buyer）に「現状有姿」（as is）の文言を契約書に入れて自動車を買主（buyer）に売った。この契約書には，すべての黙示の担保責任の免責（disclaimers of all implied warranties）が入っていた。ところが，引き渡された自動車には，エンジンがなかった。

引き渡された物品（goods）は，エンジンがついていなかったことから，決して自動車ではないので，免責されない。

5. 担保責任の免責 (Disclaimer of Warranties)

　権原（title）の担保責任（warranty liability）については，売主（seller）が権原（title）を主張しないこと，または売主（seller）が自身もしくは第三者が有する権利のみを売却することを，特定の文言によって買主（buyer）に対して通知する場合は，免責または修正することができる。また，商品性及び特定目的（particular purpose）の適合性についての黙示の担保責任（implied warranty liability）は，個別的免責または全面的免責方法により免責することができる。

(1) **個別的免責**

なお，個別的免責とは，以下を指す。

① 商品性の担保責任（warranty liability）は，商品性に言及することによってのみ，個別に免責または修正されうる。売買契約が書面になされる場合，免責は明確になさなければならない。

② 特定目的（particular purpose）への適合性についての担保責任（warranty of fitness）は，明白な書面によってのみ個別に排除することができる。書面による排除は，法令に従い，たとえば「この文面の記載を超えて担保責任は生じない」と述べることで十分。

③ 条項は，「合理的一般人が気づくように書かれ，表示され，または呈示される」場合，明白性を有する。書面の本文にある文言は，以下の場合，明白性を有するものといえる。

　(ア) 周りの文章よりも大きな文字で書かれている場合

　(イ) 対照的な文字，書体もしくは色によって書かれている場合，または，

　(ウ) 注意をひくためのマークによって文章から際立っている場合

なお，明白性に関する事実問題は，陪審ではなく裁判所が決定する。

(2) **全面的免責**

全面的免責とは以下を指す。

① 全面的免責の文言による場合：別の方法で示す状況が存在しない場合，商品性及び適合性の黙示の担保責任は「現状有姿」（as is）「瑕疵を問

わない条件で」(with all faults)のような表現，または，一般的な理解において，黙示の担保責任がないとの事実に買主(buyer)の注意を引くようなその他の表現により，排除することが可能。
② 検査または検査の拒絶による場合：契約締結前に，買主(buyer)が物品(goods)，サンプルもしくは見本が，自身の望む水準を完全に満たす検査をした場合または検査を拒絶した場合，合理的な検査により明らかになったであろう瑕疵(defect)に関しては，担保責任は生じない。
③ 取引の過程等による場合：黙示の担保責任は，取引過程，履行課程または取引慣行によっても免責されうる。

6. 補償条項 (Indemnity Clause)

表明保証を定めた場合には，補償条項(indemnity clause)を定める必要がある。これは，表明保証に違反があった場合の補償(indemnity)である。一般的には，契約書の条項として，indemnify, defend and hold harmless(費用を補償し，訴訟等の中で防御し，害を被らないようにする)という規定がおかれる。

なお，損害賠償と補償は異なる。基本的に，損害賠償は，違法が問われるのに対し，補償は適法である。また，補償条項がないと，表明保証を定めても，意味はない。

7. 損害賠償の制限 (Restriction of Damages)

当事者は，担保責任(warranty liability)に違反した場合に得られる損害賠償を制限する条項を，契約に含めることができる。なお，担保責任に違反した場合の救済は，瑕疵(defect)ある物品(goods)の修理もしくは交換に制限される。この制限は，非良心的でないものでない限り有効とされる。

権原(title)の担保責任(warranty liability)に違反があった場合，物品(goods)は，真の所有者もしくは先取特権を有する者により返還を請求され，買主(buyer)は占有権を失う。買主(buyer)は，契約を解除すること，物

品 (goods) の受領を撤回すること，または，損害賠償を求めて訴訟を提起することができる。

また，特別な事情（たとえば，物価の上昇と下落など）が存在する場合，物価の価値は，受領時点ではなく，占有権を失った時点を基準として算定される。引渡し時点から占有権喪失時点までの間に生じた大幅な価格の上昇，または下落は，通常，特別な事情と考えられる。

【事例7-20】

> 買主（buyer）である Alice は，絵画を売主（seller）である Bill から10,000 ドルで購入した。その絵画は Bill が画廊から購入したものであった。その絵画は盗品であったが，当事者のいずれもが認識していなかった。数年後，絵画の真の所有者が回復を求めて Alice に対し訴訟を提起した。

現在の絵画の価値が 100,000 ドルに上昇していた場合，この価値の上昇は特別の事情に当たるため，買主（buyer）の損害賠償請求権の価格は，占有権喪失時点の 100,000 ドルである。

【事例7-21】

> 買主（buyer）である Alice は，売主（seller）の中古車販売店より中古のトラックを 5,000 ドルで購入した。Alice が1年ほど使用した後，トラックが盗品であるとして警察に押収された。警察に押収された時点で，トラックの価値は 4,200 ドルであった。

長期間のトラックの使用及び占有は特別の事情にあたるため，買主（buyer）はトラックの押収時の価値しか取り戻すことができない。

練習問題

1. 以下の判例を読んでみよう。
    (1) Mitchill v. Lath 247 N.Y. 377, 160 N.E. 646 (1928)

(2) Gianni v. R. Russel & Co. Inc., 126 A. 791 (Pa. 1924)
　(3) Courtin v. Sharp, 280 F.2d 345 (5th Cir. 1960)
2. 以下の契約法第2次リステイトメント（Restatement (Second) of Contracts）を英語で読んでみよう。
　(1)　§201
　(2)　§202
　(3)　§203
3. 統一商事法典（U.C.C.）§2－207を英語で読んでみよう。

第8章

履行及び不履行
(Performance and Non-performance)

◆**学習のねらい**

契約 (contract) が成立した後には，契約当事者の基本的な履行義務が発生する。しかし，場合によっては，この履行が完全であることを要求することが難しいこともある。

この章では，履行 (performance) と不履行 (non-performance) について見ていくとしよう。

1. 履行 (Performance)

伝統的なコモン・ロー (common law) においては，契約当事者は，基本的に，契約 (contract) の中で要求されているすべての事項を，実質的に履行する義務を負う。また，履行 (performance) に関しては，すべての契約 (contract) において，契約当事者は，誠実 (good faith) かつ公正に取引 (fair dealing) する黙示の義務 (implied duty) が課せられる。

物品 (goods) の契約 (contract) について，統一商事法典 (U.C.C.) 第2編は，完全履行 (perfect performance) を要求している。完全履行 (perfect performance) とは，物品 (goods) の引渡しとその状態は，契約 (contract) の内容通りでなければならないことをいい，少しでも異なっていれば完全履行 (perfect performance) とは言えない。

さらに，統一商事法典（U.C.C.）第2編は，すべての契約（contract）の当事者が誠実に行為し実行することを要求している。具体的には，①事実に誠実であること，及び②公正な取引（fair dealing）に関する合理的な商業的基準（commercial standard）を順守することである。

【事例8-1】

> Red社はBlue社と，自動車を100台購入する契約を締結した。Blue社から自動車100台がRed社に届けられたが，その中の1台に不良品が見つかった。

この場合，Blue社は，物品（goods）（不良品である1台）の引渡しを拒絶することができる。また，Red社は，不良品の1台を良品に取り換えるか，直ぐに修理するかしなければならない。

【事例8-2】

> Red社はBlue社と，自動車を100台購入する契約を締結した。Blue社から自動車100台がRed社に届けられたが，Red社は代金の支払い前に，自動車100台を検査した。

一般に，買主（buyer）は，代金の支払いの前に物品（goods）を検査する権利を有する。代金の支払いは，合理的な期間内の物品（goods）の検査後，合格と認められた後になる。

【事例8-3】

> Red社はBlue社と，自動車を100台購入する契約を締結した。ただし，契約書に代金引換渡し（Cash on Delivery, COD）という条件が規定されていた。Blue社から自動車100台がRed社に届けられたが，Red社は自動車100台の引渡し時点で代金を支払う必要がある。

代金引換渡し（Cash on Delivery, COD）の場合，または物品（goods）の

検査をせずに支払うと買主（buyer）が約束（promise）した場合は，物品（goods）の引渡し後の検査を行うことができない。もし物品（goods）に瑕疵（defect）があったとしても，検査によらないでも発見できる明白な瑕疵（defect）でない限り，買主（buyer）は売主（seller）の責任を問うためには，代金の支払いをしなければならない。

【事例 8−4】 Jacob & Youngs v. Kent, 129 N.E. 889 (N.Y. 1921)

> 原告（plaintiff）である建設会社 Jacob & Youngs は，被告（defendant）である Kent の私邸を建築することで，約 7 万ドルで 1913 年 5 月に請負った。そして，翌年 8 月に建物を完成し，Kent に引き渡した。Kent はそこで生活をし始めた。
>
> その後，Kent は，この家に 9 カ月住んだ後で，設計図の仕様に相違したパイプの取り換えを要求して，工事代金残額 3,500 ドル弱の支払いを拒絶した。設計図の仕様は，床や天井や屋根裏に使用すべきパイプとして「R 社」製造の標準パイプを指定していた。
>
> 特約として次のようなことが記載されていた。「すべての点で，…仕様に完全に適合しない材料は…いつ発見されようとも，仕様どおりに取り換えるべきものとする」

「R 社」製のパイプでないパイプは，全体の 6 割に及び，明らかに Jacob & Youngs の契約違反（breach of contract）の事例である。しかし，契約書の特約に，「仕様に完全に適合しない材料は，仕様どおりに取り換えるべきものとする」と記載されていたが，パイプの取り換え工事は，完成した建物の実質的な部分を壊すことが必要なため，多大な労力と費用とが必要であった。また，このミスは，Jacob & Youngs の下請業者のミスによるものであった。

第 1 審は，Jacob & Youngs の敗訴とした。しかし，ニューヨーク州控訴裁判所は，1 審の判決を破棄し，陪審による再審理を命じ，ニューヨーク州最高裁判所もこれを肯認した。

確かに，Jacob & Youngs は「R 社」のパイプを使っていないことは契約違反（breach of contract）に当たるが，ニューヨーク州控訴裁判所は，その約

束（promise）が重要な条件（condition）か否かを問題とした。もし重要でなければ、救済（remedy）として認められる損害賠償額は、R社製のパイプと実際に使われたパイプとの価値の差額にとどまり、その価値がなければ損害賠償額はゼロということになる。

このように、建築の契約（contract）の場合、物品（goods）の売買契約と異なり、契約（contract）を実質的に履行（performance）していれば、そこに契約違反（breach of contract）があっても、その救済は、価値の差額にとどまる。

最終的に、ニューヨーク州最高裁判所は、R社製のパイプを使わないことに対する救済はないと判示した。

このように、建築請負契約の場合には、契約（contract）の完全な履行は難しく、その契約違反（breach of contract）が重大（material）なものでない限り、契約（contract）を実質的に履行していれば、そこに契約違反（breach of contract）があったとしても、その救済（remedy）は、価値の差額にとどまるとする法理を、実質的履行の法理（substantial performance rule）という。

これに対して、物品（goods）の売買契約の場合には、契約（contract）の完全履行（perfect performance）は比較的容易であるため、契約（contract）の完全履行（perfect performance）が求められる。これを完全履行の法理（Perfect Tender Rule）という。この完全履行の法理（Perfect Tender Rule）については、次章で取り扱う。

2. 約束と条件（Promise and Condition）

(1) 条件とは？（What is a condition?）

上記【事例8-4】では、契約の中で、条件（condition）として「すべての点で、…仕様に完全に適合しない材料は…いつ発見されようとも、仕様どおりに取り換えるべきものとする」という特約条項があった。このように、契約の中に条件（condition）を入れることができる。

2. 約束と条件（Promise and Condition）

双務契約（bilateral contract）の場合，両当事者は，互いの債務を履行（performance）する義務が生じるが，一般的に，その債務の履行には時差が生じる。そのため，先に債務を履行した当事者が，後に債務を履行する相手方の当事者に対して不利な立場におかれることになる。そのため，相手方の履行（performance）を条件（condition）として，自らが履行（performance）すると契約（contract）の中で明示しておけば，相手方の債務の履行（performance）が先になり，自己の不利な立場は解消される。

また，契約当事者における債務の履行（performance）以外に，全く別の事象が発生または消滅したということを条件（condition）に契約を締結することもできる。

このように，自らの契約上の義務の履行（performance）を即時に履行すべき状態にするような事柄一般を指す。

【事例 8－5】

(1) Alice は Bill に，自分の本を 100 ドルで売るという申込をし，Bill はそれに承諾をした。

(2) 上記(1)の場合で，契約の中で，Bill が先に 100 ドルを払うことを条件（condition）とした。

(3) Alice は Bill に，100 ドル払ってくれれば，自分の本を引き渡すという約束をした。

(4) Alice は Bill に，ある特定の本が手に入れば，100 ドルで売るという申込をし，Bill はそれに承諾をした。

上記(1)の場合は，典型的な双務契約（bilateral contract）である。この場合，Alice の本を引き渡すのが先か，Bill の 100 ドルの支払いが先かわからない。もし，Alice が先に本を Bill に引き渡せば，Bill が 100 ドルを支払うまで不安定な立場に置かれる。

上記(2)の場合は，契約（contract）を締結したものの，その特約として，Bill が先に 100 ドル支払うことを条件（condition）とした。

上記(3)の場合は，Bill が 100 ドル払ってくれれば，Alice は自分の本を引き

渡すという条件（condition）を課している。この場合，片務契約（unilateral contract）となり，Bill が 100 ドルを支払うまでは Alice の債務を履行する義務はない。このように，本を引き渡すという約束（promise）に対して，100 ドル払うという約束（promise）がなされた場合，この契約（contract）に，これが条件（condition）と明示されていなくても，本を引き渡すことが 100 ドルの支払いの条件（condition）となる。これを擬制条件（constructive condition）という。すなわち，擬制条件（constructive condition）とは，裁判所が，公平の観点から，当事者が条件（condition）として附加していない契約（contract）に，条件（condition）を付け加えることである。この場合，条件（condition）の成就の義務を負わない限り，条件（condition）の不成就をもって，契約違反（breach of contract）の責任を問われることはない。

上記(4)の場合は，契約（contract）を締結したものの，Alice がある特定の本を入手するという条件（condition）が課され，それが成就するまでは，両当事者の債務の履行（performance）は留保される。

契約法第 2 次リステイトメント（Restatement (Second) of Contracts）は，条件（condition）の定義として，次の規定を置いている。

【Restatement (Second) of Contracts　§224】

> 第 224 条
>   条件（condition）とは，成就するか否かが不確実な出来事であって，その不成就が許容される場合を除き，契約に基づく履行義務が即時履行の状態になるために成就しなければならない出来事をいう。

具体的には，条件（condition）とは，以下のいずれかを意味すると考えることもできる。
① 当事者が履行義務を負う前に，発生しなければならない，もしくは発生してはならない世の中の事象もしくは状態，または，
② その発生もしくは不発生により，当事者を履行義務から解放する世の中の事象もしくは状態

2. 約束と条件 (Promise and Condition)

【事例 8−6】

> Alice は Bill に，自分の犬を 100 ドルで売るという申込をし，Bill がそれに承諾をした。ところが，その後，Alice の犬が死んでしまい，Bill に引き渡せなくなってしまった。

この事例では2つの場合が考えられる。もし，犬の引渡しが条件（condition）である場合，引渡しの不発生（failure to occur）により，Bill の支払義務（duty to pay）は消滅するが，引渡しがなされなかったことについて Alice を訴える訴訟原因（cause of action）はない。

一方，犬の引渡しが約束（promise）である場合，Bill は契約違反（breach of contract）と支払い義務の免除の両方で，Alice を訴えることができる。このように，約束（promise）の不成就は違反であり，責任が発生するが，条件（condition）の不成就は，当事者を履行義務から解放する。契約条項が，約束（promise）であるか条件（condition）であるかは，当事者の意思によって決まる。これがあいまいな場合には，裁判所は，問題とされる条項が約束であると判示する傾向がある。

【事例 8−7】 Gibson v. Grange, 39 Mich. 49（1878）

> 原告（plaintiff）である Gibson は写真業を営んでいたが，被告（defendant）である Grange の娘の死亡記事を見て，Grange に連絡し，亡くなったお嬢さんの肖像写真を引き伸ばして提供すると申し出た。その際に，引き伸ばされた写真が Grange が完全に気に入らなければ代金はいらないと明示した。Grange は，出来上がった写真が気に入らないと言って，支払いを拒絶し，どこが気に入らないかも明示せず，その写真がさらに手を加えられて提示されたときにも見ようともしなかった。そこで，Gibson が損害賠償請求を行った。

ミシガン州最高裁判所は，Grange の個人的な満足が支払いの明示的な条件（condition）になっていたと認定し，Grange を勝訴させた。第三者から見れ

ば，素晴らしい写真であったかもしれないが，本件では，Grange の個人的に気に入るかどうかというリスクを，Gibson が明示的・意図的に引き受けていたと判断した。

【事例 8−8】 Peacock Construction Co. v. Modern Air Conditioning, Inc., 353 So. 2d 840 (Fla. 1977)

> 被告（defendant）である建築業者 Peacock Construction Co. は，マンションの建築を請け負い，原告（plaintiff）である下請業者 Air Conditioning, Inc. は，冷暖房システムの設置関係業務を行うことになったが，その間の契約には，Air Conditioning, Inc. への代金の最終支払いは「注文主からの完全な支払いがあった後，30日以内に支払う」という条項が入っていた。ところが，注文主が代金を支払わないために，Peacock Construction Co. は，Modern Air Conditioning からの請求を拒んだ。

　第1審では，Air Conditioning, Inc. の略式判決（summary judgment）が認められ，Air Conditioning, Inc. が勝訴したが，これを不服として，Peacock Construction Co. が上訴した。フロリダ州最高裁判所は，注文主の支払いは条件（condition）にならないというのが契約当事者の意図であり，そうではなかったと主張するには，もっと明示的にそのリスクを下請業者に負わせる趣旨の文言がなければならないと判示した。

【事例 8−9】 Internatio-Rotterdam, Inc. v. River Brand Rice Mills, Inc., 259 F. 2d 137 (2nd Cir. 1958)

> 原告（plaintiff）である輸出業者 Internatio-Rotterdam, Inc. と，被告（defendant）であるコメの加工業者 River Brand Rice Mills, Inc. との間で，12月に一定量のコメを引き渡す契約（contract）が結ばれた。契約中には，いずれの港でどの船に積み込むかなどの指示を，引渡しの2週間前に Internatio-Rotterdam, Inc. が出すという条項があった。12月中に引き渡すということであるから，必然的に12月17日までに指示があるはずだということになる。ところが，Internatio-Rotterdam, Inc. の船の手配などが遅

> れて，12月18日になってもほぼ半分の量につき指示がなかった。そこで，River Brand Rice Mills, Inc. は，その分については契約を解除すると通知した。なお，その日までにコメの市場価格は契約価格よりも騰貴していた。
>
> 　輸出業者は，17日までに指示を出さなかったことは認めたが，その後，合理的期間内に指示を出しており，瑕疵（defect）は治癒されたと主張し，River Brand Rice Mills, Inc. は，その遅れに対して損害賠償を求めることはできるが，履行は免れないとした。

　この事例では，Internatio-Rotterdam, Inc. は，17日までの通知は，条件（condition）ではなく，義務あるいは約束であると主張したが，裁判所は，これを否定して，契約（contract）の終了を認めた。理由としては，Internatio-Rotterdam, Inc. は，1月引渡しの契約（contract）を抱えており，12月の引渡しの時期の遅れは，倉庫の管理などに大きな支障をきたすこと，また，合理的期間の猶予を輸出業者である Internatio-Rotterdam, Inc. にだけに認めることが，Internatio-Rotterdam, Inc. だけに投機を認めることになるとした。

(2)　停止条件（condition precedent）と解除条件

　停止条件（condition precedent）とは，他方当事者に，直ちに履行する絶対的義務（absolute duty）が発生する前に成就すべき条件である。絶対的義務（absolute duty）とは，約束者（promisor）が直ちに履行することを強制するために，時の経過のほかは，何らとして要求されない義務のことである。

【事例 8−10】

> 　Alice は Bill に，自分のダイヤモンドが，1月1日までに 10,000 ドルで売れたら，Bill の自動車を買うという申込をした。Bill はそれに承諾した。

　この事例は，停止条件（condition precedent）の例である。Alice のダイヤモンドが，1月1日までに 10,000 ドルで売れなければ，Bill の自動車を買うという義務は生じない。すなわち，ある事実が発生した場合，その事実が履行義務を生じさせる。

第8章　履行及び不履行（Performance and Non-performance）

【事例8-11】

> Alice は Bill に，自分の肖像画を 10,000 ドルで描いてほしいと頼んだ。ただし，自分がその肖像画を気に入らなければ，10,000 ドルは支払わないと言った。これに対し，Bill は承諾した。

契約が，個人的な好みや判断を含む場合があり，これが契約の条件（condition）となる。ただし，たとえ条件（condition）が個人的な満足を要求するものであったとしても，約束者（promisor）は，正直かつ誠実でなければならない。特に，約束者（promisor）が受約者（promisee）の履行（performance）を検討するのを拒絶したような場合，たとえば，肖像画を見ようともしない行為は，不誠実とみなされ，支払い義務を負う。

一方，解除条件（condition subsequent）とは，成就することにより，すでに存在している履行の絶対義務を遮断（cut off）する条件（condition）である。すなわち，ある事実が発生したことにより，今まで存在していた履行義務が消滅する。

【事例8-12】

> Alice は Bill に，土地の規制に変更がない限り，自分の土地を 10,000 ドルで売るという申込をし，Bill はそれに承諾した。

この場合，もし土地の規制に変更があった場合，Alice は Bill に土地を売る義務は消滅する。

(3) 履行不能（Impossibility of Performance）

履行不能（impossibility of performance）については，ローマ法を起源とする大陸法（制定法）（civil law）と，ゲルマン法を起源とする英米法（判例法）（common law）とでは，その考え方が大きく異なる。大陸法系の契約法では，いずれの当事者の責に帰せない事由が発生し，履行不能（impossibility of performance）に陥ったときは，債務は消滅し損害賠償の原因にはならない

2. 約束と条件（Promise and Condition）

としているのに対し，英米法系の契約法では，その履行は極めて厳格であり，契約上の義務は絶対的なもので，たとえ履行不能（impossibility of performance）に陥ったとしても，履行責任が免除されることはなかった。

【事例8－13】 Taylor v. Caldwell, 3 B. & S. 826, 122 Eng. Rep. 309（K.B. 1863）

> 原告（plaintiff）であるTaylorがコンサートを開催する目的で，被告（defendant）であるCaldwellの所有する演奏会場を4日間使用し，各日の終わりに100ポンドずつ支払うという契約が締結された。しかし，コンサート開催の数日前に，偶発的な火災事故によって建物が焼失してしまった。このため，コンサートを開催することが不可能となった。Taylorが，そのコンサートの準備のために費やした費用の賠償を求めた。

この事例は，イギリスの事情変更の原則を認めた有名な事件である。当事者はコンサートが開催されるときには，演奏会場が存在していることを前提に契約（contract）が締結された。それは，契約（contract）の履行に不可欠であった。伝統的なコモン・ロー（common law）では，たとえ履行不能（impossibility of performance）に陥ったとしても，履行責任が免除されることはないが，本判決は，契約（contract）の締結時に，両当事者が，演奏会場の存在を債務の履行の基礎と考えていた場合には，債務者（obligor）の責によらずに演奏会場の滅失によって履行が不能になれば，両当事者は免責されるとした。

すなわち，厳格なコモン・ロー（common law）の契約法理の例外として，債務の履行に必要な特定物の破壊・滅失の場合には，契約当事者の免責を認めた。なお，これ以外にも，債務の履行の違法化と，債務の履行に必要な特定人の死亡または能力喪失がある。

【事例8－14】

> Aliceは，海外に在住するBillに，ある薬を送る契約を結んだが，その直後に，Aliceが在住する国の政府が，その薬の海外への輸出を禁じた。

この場合，薬を輸出することが違法であるため，当事者は免責される。このように，契約成立後の法律の変更や，政府・裁判所の命令によって，債務の履行が禁止されれば，債務の履行は免除される。

【事例 8－15】

> Alice は，歌手である Bill に，歌謡ショーに出演依頼をし，Bill も承諾した。ところが，当日，Bill は交通事故に遭い重症を負い，救急車で病院に運ばれて，歌謡ショーに出られなくなってしまった。

　一身専属的義務の履行の契約において，その者の死亡または能力喪失の場合は，債務の履行は免除される。
　このように，契約締結時に前提とされた事情が，その後変化し，元の契約（contract）どおりに履行させることが当事者間の公平に反する結果となる場合，当事者は契約解除や契約内容の修正を請求しうるとする法原理を事情変更の原則（clausula rebus sic stantibus）という。
　また，ハードシップ（履行困難）（hardship）という用語があるが，これは，契約の履行は可能だが，そのまま履行することが一方の当事者に契約時点では予測し得ない，多大な損失を被らせるような事態をいうものであり，実務的には，不可抗力条項（force majeure）とともに，契約書中に詳細に対応を記載しておく。すなわち，履行不能ではないが，履行を強制すると著しく一方当事者に不利益（detriment）をもたらすものである。

　契約法第 2 次リステイトメント（Restatement (Second) of Contracts）は，後発的な実行困難による免責について，以下のように規定している。

【Restatement (Second) of Contracts　§261】

> 第 261 条
> 　契約締結後，一方当事者の履行がある出来事の発生によってその過失によらずして実行困難になり，かつその出来事の不発生が契約締結の基礎的前提であった場合には，その者の当該履行義務は免除される。ただし，契約の文言ま

たは状況から反対の趣旨が示されている場合はこの限りでない。

上記契約法第2次リステイトメント（Restatement (Second) of Contracts）第261条の要件をまとめると，以下のとおりとなる。
① 債務の履行が実行困難になったこと
② 出来事の不発生が契約締結時の基本的前提であったこと
③ 債務者（obligor）の過失によらずして，債務の履行が実行困難になったこと

これらをすべて満足した状態で，履行義務が免除される。

なお，物品（goods）の売買契約において，統一商事法典（U.C.C.）第2編は，契約の前提条件喪失という不履行の免責事由に関して，以下の規定を置いている。

【Uniform Commercial Code §2-615】

第2編第615条
　売主が契約上，次に掲げる義務よりも重い義務を引き受けた場合，及び第2編第614条の適用される場合は別として，
(a) ある条件が発生しないことを基本的な前提として契約が結ばれていたのに，その条件が生じたため，合意された履行が実行困難なものになった場合，または，後にその規制が無効とされるか否かを問わず，違約に適用される外国もしくは自国の政府の規制に誠実に従ったために，やはり履行が実行困難になった場合には，売主による全部もしくは一部の履行の遅滞または不履行は，売主が(b)号及び(c)号に従う限り，売買契約の売上の義務の違反とならない。

契約不履行の免責事由として，イギリスでは，契約目的の達成不能（frustration of purpose）と呼ばれる法理がある。以下の有名な事例を見てみよう。

140　第8章　履行及び不履行（Performance and Non-performance）

【事例8−16】　Krell v. Henry, 2 K.B. 740（Ct. App. 1903）

> 1902年6月26日及び27日に，エドワード7世の戴冠式とそのパレードが行われることとなった。そのパレード見物のため，沿道の建物の部屋の賃貸借契約が多数締結された。ところが，6月24日，国王の病気（虫垂炎）のため戴冠式とパレードが延期されることになった。そのため，賃料の一部が前払いされていたので，貸主から借主に対して，賃料の差額の支払いを求めて，多くの訴訟が提起されると同時に，借主からも貸主に対して，前払い賃料の返還を求めて，多くの訴訟が提起された。
>
> 　その中で，原告（plaintiff）である Krell と被告（defendant）である Henry との間で，Krell のアパートをパレードの行進中，賃貸借する契約が締結された。その代金は，75ポンドであり，そのうち25ポンドは前払いされた。

　裁判所は，エドワード7世の戴冠式とそのパレードが行われることが契約（contract）の基礎であり，その中止によって契約（contract）の目的が達成できなくなったのだから，後発的履行不能の場合と同様に，契約（contract）は消滅するとし，両当事者ともその後の差額支払義務の履行を免れるとした。

　後発的目的達成不能による免責として，契約法第2次リステイトメント（Restatement (Second) of Contracts）は，以下のように規定している。

【Restatement (Second) of Contracts　§256】

> 第256条
> 　契約締結後，一方当事者の主要な目的が，ある出来事の発生によって，その過失によらずして実質的に達成不能になり，かつその出来事の不発生が契約締結の基本的前提であった場合には，その者の残余の履行義務は免責される。ただし，契約の文言または状況から反対の趣旨が示されている場合には，この限りではない。

3. 物品売買以外の危険負担（Burden of Risk）

契約（contract）には，必ず危険（リスク）がついてまわる。ここでは，物品売買以外の危険負担（burden of risk）についての過去の興味深い裁判例を紹介することとする。

【事例8－17】 School District No.1 v. Dauchy, 25 Comn. 530（1854）

> 原告（plaintiff）であり教育委員会である School District No.1 と，被告（defendant）であり建築業者である Dauchy との間で，1853年12月に 2,500 ドル弱で校舎を建築する契約が結ばれた。期限は翌年5月の第1月曜日であった。作業は順調に進み，翌年4月にはほぼ完成した。ところが，4月27日に落雷があり建物が全焼した。
>
> そこで，教育委員会である School District No.1 は，Dauchy に対し，同じものを建てるように要請した。ただし，納期限については，可能な限り猶予するというものであった。しかし，建築業者である Dauchy は，これを拒絶した。そこで，School District No.1 は，Dauchy に対し，訴訟を提起した。なお，本事件での契約書の中に，落雷があった場合の記述はなかった。

コネチカット州最高裁は，教育委員会である School District No.1 の主張を認めた。伝統的なコモン・ロー（common law）を適用した例である。しかし，その後，これとは逆と思えるような判決が出ている。次の事例をみてみよう。

【事例8－18】 Bell v. Carver, 431 S.W.2d 452（Ark. 1968）

> 喫茶店の経営者が，エアコンの設置を業者に依頼した。ところが，エアコンの設置中に火災が起こり，エアコンだけでなく喫茶店全体が焼失した。火災は，どちらの責に帰すべきものでなかった。そこで，エアコン業者は，喫茶店の経営者に，焼失までに要したコストの代金を請求した。なお，契約書中には，火災の場合を想定した記述はなかった。

アーカンソー州最高裁は，業者が費やした費用については，喫茶店の経営者が払わなければならないと判示した。

上記【事例 8-17】では，火災にあった場合の危険負担（burden of risk）を業者に負わせているのに対し，本事例では，注文主に危険負担（burden of risk）を負わせていることになる。この違いはどこに由来するのか，詳細な検討が必要であるが，どちらに管理責任があったのか，支配領域はどちらにあったのか等を総合的に判断したものと思われる。いずれにせよ，危険負担（burden of risk）については，契約書中に詳細に記載しておく必要があろう。

練習問題

以下の判例を読んでみよう。
1. Jacob & Youngs v. Kent, 129 N.E. 889 (N.Y. 1921)
2. Gibson v. Grange, 39 Mich. 49 (1878)
3. Peacock Construction Co. v. Modern Air Conditioning, Inc., 353 So. 2d 840 (Fla. 1977)
4. Internatio-Rotterdam, Inc. v. River Brand Rice Mills, Inc., 259 F. 2d 137 (2nd Cir. 1958)
5. Taylor v. Caldwell, 3 B. & S. 826, 122 Eng. Rep. 309 (K.B. 1863)
6. Krell v. Henry, 2 K.B. 740 (Ct. App. 1903)
7. School District No.1 v. Dauchy, 25 Comn. 530 (1854)
8. Bell v. Carver, 431 S.W.2d 452 (Ark. 1968)

第9章

違　反
(Breach)

◆学習のねらい

　契約（contract）は，何の問題もなく履行されるのが理想であるが，何らかのトラブルが発生し，契約当事者が契約違反（breach of contract）として，相手方を訴えることがある。このような契約違反（breach of contract）は，軽微な違反（minor breach）と，重大な違反（material breach）に大別することができる。

　本章では，契約違反（breach of contract）について学習する。

---

1. 契約違反（Breach of Contract）

　契約（contract）が締結され，約束者（promisor）が履行の絶対的義務（absolute duty to perform）を負っており，かつこの義務が消滅していない場合，契約条件（condition）に従った履行の懈怠（failure to perform）は，契約違反（breach of contract）となる。

　この際，原告（plaintiff）である違反のない当事者（non-breaching party）は，違反した当事者（breaching party）の履行懈怠がなければ，履行する意思（willing）があり，かつその能力（able to perform）があることを示さなければならない。すなわち，原告（plaintiff）である違反のない当事者（non-breaching party）は，自ら履行できる意思と能力を示すことが必要となる。

アメリカ契約法では，違反（breach）を，軽微な違反（minor breach）と重大な違反（material breach）に大別している。

軽微な違反（minor breach）とは，債務者（obligor）が瑕疵（defect）ある履行（defective performance）したにもかかわらず，その違反が軽微であるため，債権者（obligee）が取引の実質的な利益（substantial benefit）を得る場合である。この場合には，債権者（obligee）は契約（contract）を解除したり，全額の損害賠償を請求することはできない。

このような場合には，債権者（obligee）は，軽微な違反（minor breach）により生じた損害の賠償を請求する権利のみが生じる。すなわち，契約（contract）の部分的違反（partial breach）であり，違反のない当事者（non-breaching party）の義務は消滅しない。

一方，重大な違反（material breach）とは，債権者（obligee）が取引の実質的な利益（substantial benefit）を得ることができない場合である。すなわち，契約全体の違反（total breach）であり，このような場合，違反のない当事者（non-breaching party）は，以下の双方の権利を取得する。

① 契約解除（termination of contract）
　契約（contract）は解除され，違反のない当事者（non-breaching party）の履行義務は消滅する

② すべての救済手段（全額の損害賠償を含む）
　契約全体の違反（breach）として，すべての救済手段（全額の損害賠償を含む）を受ける権利を取得する

このように，軽微な違反（minor breach）では，違反のない当事者（non-breaching party）は，その損害に対する損害賠償（damages）は認められるが，契約（contract）が存続することから，履行義務も存続する。しかし，重大な違反（material breach）では，違反のない当事者（non-breaching party）の履行義務は消滅し，契約の解除及びすべての救済手段を受ける権利を取得する。

2. 違反の重大性（Materiality of Breach）

では，いかなる違反が重大な違反（material breach）となるのであろうか。

2. 違反の重大性（Materiality of Breach）　145

契約法第2次リステイトメント（Restatement（Second）of Contracts）の第241条は，次のように規定する。

【Restatement（Second）of Contracts　§241】

第241条　不履行を重大なものと判断するに際して重要な事項
　　履行または履行の提供がなされないことが重大なものであるか否かを決定するにあたっては，次に掲げる事項が重要である。
　(a)　それによる被害を受けた当事者が合理的に期待した利益を奪われる程度
　(b)　被害を受けた当事者が奪われる利益につき，適切な救済を得られる程度
　(c)　履行または履行の提供をしない当事者が信頼利益の喪失を被る程度
　(d)　履行または履行の提供をしない当事者が不履行を治癒する蓋然性。その際には，合理的な保証の有無を含むすべての事情を考慮する。
　(e)　履行または履行の提供をしない当事者が，誠実かつ公正な取り扱いの義務に適合している程度

すなわち，裁判所は，以下の点について，総合的に考慮して決定する。
① 違反のない当事者（non-breaching party）が被った不利益（detriment）の額
② 被害者（違反のない当事者）の損害に対する救済の内容と程度
③ 違反した当事者（breaching party）の一部履行の程度
④ 違反した当事者（breaching party）の履行の困難性
⑤ 不履行の態様の悪性

なお，違反が重大な違反（material breach）であることを主張するためには，違反のない当事者（non-breaching party）は，自らの履行の意思（willing）及び能力（able to perform）があったことを示さなければならない。

実務上，よく問題となるのが履行（performance）の期限が切れた後の履行である。一般に，合理的期間内（reasonable time）に履行がなされる限り，契約（contract）に規定された期限までに履行しなかった場合は，重大な違反（material breach）とはならない。ただし，履行（performance）の期限が契約（contract）の本質的なものである場合，または履行（performance）の期

限が契約の本質的なものと明示されている場合，履行（performance）の期限後の履行は重大な違反（material breach）となる。

3. Walker & Co. v. Harrison 事件

違反の重大性（materiality of breach）が争われた判例として，以下のWalker & Co. v. Harrison 事件がある。

【事例9－1】 Walker & Co. v. Harrison, 81 N.W.2d 352（Mich. 1957）

> クリーニング業者である被告（defendant）は，看板業者である原告（plaintiff）と，ネオン・サインの3年リース契約を締結した。この契約書には，毎月のリース料金のほか，修理・維持・再塗装が原告（plaintiff）の責任とされていた。ある日，ネオン・サインにトマトが投げつけられ汚れてしまったので，被告（defendant）は原告（plaintiff）に何度となく電話をかけ，掃除を依頼したが，速やかな対応がなかった。そこで，被告（defendant）は，電報で「契約を無視するならば契約は無効で，代金の支払いはしない」と原告（plaintiff）に連絡した。
>
> これに対し，原告（plaintiff）は，ネオン・サイン維持義務の不履行について詳しく状況を知らせて欲しいという内容とともに，被告（defendant）が先月分の代金の支払いを30日滞納していることを伝えた。契約（contract）では，被告（defendant）が代金支払いを怠った場合，リース期間の残額をすべて支払うとされていたが，被告（defendant）は応じなかった。そこで，原告（plaintiff）は被告（defendant）を提訴した。

この事件では，被告（defendant）は，原告（plaintiff）が汚れたネオン・サインを掃除しなかったのは，ネオン・サインの維持の重大な契約違反（material breach）という理由により，契約（contract）を解除する権利があるというものである。しかし，裁判所は，原告（plaintiff）が汚れたネオン・サインを掃除しなかったのは，ネオン・サインの維持の重大な契約違反（material breach）とはならず，逆に，被告（defendant）が，自らの代金の支払い義務

を履行しなかったことを重大な契約違反（material breach）とした。

4. 完全履行の法理（Perfect Tender Rule）

　統一商事法典（U.C.C.）第2編では，物品（goods）は，完全履行の法理（Perfect Tender Rule）に従う。統一商事法典（U.C.C.）§2-601は，以下のように規定する。
　…当該物品（goods）またはその引渡しの提供が何らかの点で契約に適合しない場合には，買主（buyer）は，次のいずれかをすることができる。
① すべてを拒絶すること
② すべてを受領すること，または，
③ いくつかの取引単位を受領し（一部受領），残りのものを拒絶すること（一部拒絶）

【事例9-2】

> 　ある製品は100個単位でロット販売されている。買主（buyer）は，この製品を500個注文したが，製品に瑕疵（defect）があることが発見されたので，300個を受領し，200個を拒絶した。

　この場合，100個1組のロット販売であるので，この単位での受領もしくは拒絶となる。なお，バラ売りの場合には，たとえば，345個受領し残りを拒絶することができる。

　完全履行の法理（Perfect Tender Rule）では，買主（buyer）が物品（goods）を受領することによって，買主（buyer）の拒絶の権利は消滅する。すなわち，以下の場合に，買主（buyer）の物品（goods）の拒絶の権利は消滅し，買主（buyer）が受領したものとされる。
① 物品（goods）を検査する合理的な機会のあと，物品（goods）が契約上の要求に適合していること，もしくは不適合ではあるが，売主（seller）に物品（goods）を保持することを示した場合

② 物品（goods）の提供または引渡しの後，合理的期間内に拒絶することを懈怠した場合，もしくは売主（seller）に対してその拒絶を適時に通知することを懈怠した場合，または，
③ 売主（seller）の所有権と矛盾する行為をした場合

【事例 9−3】

> Alice は Bill から組み立て式の椅子を付属品のねじ回し（ドライバー）とともに購入した。ところが，椅子を組み立てるのに必要なねじ回しが入っていなかったので，Alice は引渡しを拒絶した。なお，Alice は Bill に，拒絶の理由を述べていない。

このような場合は，買主（buyer）は拒絶ができない。なぜなら買主（buyer）は売主（seller）にねじ回し（ドライバー）が入っていなかったことを伝えていないからである。もし，伝えていたならば売主（seller）である Bill は，すぐにねじ回しを届けていたかもしれないからである。

物品（goods）に重大な瑕疵（defect）があり，売主（seller）に対して拒絶（rejection）の意思表示をした後の物品（goods）の取り扱いについて，買主（buyer）は，売主（seller）の意思に従い拒絶した物品（goods）を相当の注意をもって保持しなければならない。また，売主（seller）からの返送の手続きのための合理的な指示に従わなければならない。

なお，売主（seller）が合理的な期間内に指示を与えない場合，買主（buyer）は売主（seller）に対して返送（reship）するか，売主（seller）の負担で保管（store）するか，または売主（seller）の負担で転売（resell）することができる。買主（buyer）が転売する場合，その費用と合理的な手数料を売主（seller）に請求することができる。

また，いったん買主（buyer）が物品（goods）を受領すると，一般的に，買主の物品（goods）を拒絶する権利は消滅し，買主（buyer）は契約価格から売主（seller）の違反により生じた損害を差し引いた金銭を支払う義務が生じる。ただし，いったん受領した物品（goods）であっても，以下の場合に

は，その受領を撤回し物品（goods）を拒絶することができる。
① 買主（buyer）にとって，物品（goods）の価値を実質的に損ねる瑕疵（defect）があり，かつ
② 以下のいずれかに該当する場合
   (a) 瑕疵（defect）が治癒されるものであると合理的に信じて物品（goods）を受領したが，瑕疵（defect）が治癒されていなかった場合，または，
   (b) 瑕疵（defect）の発見が困難であった，もしくは物品（goods）が契約に適合することを売主（seller）が保証していたことから，物品（goods）を受領した場合

受領の撤回は，買主（buyer）が瑕疵（defect）を発見した，または発見すべきであった後の合理的期間内，及び，売主（seller）が占有を放棄した時点で存在していた瑕疵（defect）により生じたのではない実質的な変化が物品（goods）に生じる前になされなければならない。

【事例9－4】

> Alice は綺麗な壺を購入したが，それに傷を発見した。その後，Alice はその壺を落としてしまい，口のところが割れてしまった。

この場合，売主（seller）によって引き起こされたのではない実質的な欠陥があるために，買主（buyer）はもはや受領を撤回できない。

【事例9－5】

> Alice は綺麗な壺を購入したが，それに傷を発見した。その後，Alice はその壺を Cindy に転売した。

この場合も，買主（buyer）は受領を撤回することはできない。唯一の救済手段は，売主（seller）に瑕疵（defect）についての損害賠償を請求することである。

第9章 違反（Breach）

練習問題

1. Walker & Co. v. Harrison, 81 N.W.2d 352 (Mich. 1957)の判例を読んでみよう。
2. 契約法第2次リステイトメント（Restatement (Second) of Contracts）の241条を英語で読んでみよう。
3. 統一商事法典（U.C.C.）§2−601を英語で読んでみよう。

第10章

救　済
(Remedy)

◆学習のねらい

　アメリカ契約法では，契約違反（breach of contract）に対する第1次的な救済方法は，金銭的損害賠償（monetary damages）である。金銭的損害賠償（monetary damages）で解決できない場合に，特定履行（special performance）が認められる。これは，歴史的に，金銭的損害賠償（monetary damages）がコモン・ロー裁判所で，特定履行（special performance）がエクイティ裁判所で認められてきたことに由来する。

　本章では，救済（remedy）について学習しよう。

1. 金銭的損害賠償（Monetary Damages）

(1) 損害賠償の種類（Type of Damages）

　金銭的な損害賠償（monetary damages）には，①補填的損害賠償（compensatory damages），②懲罰的損害賠償（punitive damages），③名目的損害賠償（nominal damages）がある。この他にも，損害賠償の予定として④約定損害賠償（liquidated damages）がある。

　しかし，上記②の懲罰的損害賠償（punitive damages）（被告の故意，未必の故意，または害意による行為を罰するために認められる損害賠償）については，主に不法行為（tort）の分野で用いられ，契約（contract）の分野では，

あまり認められない。

また，上記③の名目的損害賠償（nominal damages）は，契約違反（breach of contract）が認められるが，現実の損害がない場合に，名目的に損害賠償（damages）を認定する方法である。たとえば，1ドルのようにごく少額の損害賠償（damages）を認定することにより，訴訟の勝訴または敗訴を示すことが行われる。そのため，名目的損害賠償（nominal damages）は，実質的な損害賠償（damages）とは異なるものである。

(2) 補填的損害賠償（Compensatory Damages）

契約違反（breach of contract）があった場合，原告（plaintiff）は被告（defendant）に対し，金銭的な補填的損害賠償（compensatory damages）を請求することができる。違反のない当事者は，違反した当事者に対して，契約（contract）が履行（performance）されないことによる現実に被った損害の金銭的賠償を請求することができる。この場合，損害賠償の範囲が問題となる。

【事例10−1】

> Bill は，かねがね自転車レースに出たいと考えていた。出場するには100ドルのエントリー代金がかかる。Alice にそれを話すと，Alice は Bill に1,000ドルで自分の競走用の自転車を売ってもよいと答えた。Bill は，喜んでそれに承諾（acceptance）し，Alice に1,000ドル支払った。また，Bill は，代金100ドルを払って自転車レースにエントリーした。しかし，レースの直前になって Alice が自転車の引渡しを拒んだ。Bill は慌てて代わりの自転車を探したが見つからず，そのために自転車レースに出られなかった。

この事例では，Alice の契約違反（breach of contract）のために，Bill は自転車代金1,000ドルのほかに，自転車レースに出られなかったという損害が発生した。そして自転車レースにエントリーするための100ドルが無駄になってしまった。そのため，Alice は Bill に対して補填的損害賠償（compensatory damages）として少なくとも，自転車の代金1,000ドルと自転車レースのエントリー代金100ドルは請求できることになる。

もし，この事例で，自転車レースに優勝した場合，賞金として10,000ドルが支払われるとした場合はどうであろうか。Billは，自転車レースに出場していた場合，優勝して10,000ドルを手に入れていたかもしれない。BillはAliceに，この賞金10,000ドルを請求できるであろうか。答えは否であろう。

なぜなら，Billが自転車レースに優勝するという保証はなく，Aliceにとって予見可能ではないからである。Billが，過去に何度も自転車レースに出場し何度も優勝していたとしても，確実に優勝できるとは限らないため，このような不確定な事象に対しては損害賠償の対象範囲には入らないと考えられる。このように，損害賠償の範囲については十分な吟味が必要となる。

(3) 履行利益の賠償（Expectation Damages）

契約違反（breach of contract）に対する救済（remedy）の内容としては，一般に，履行利益の賠償（expectation damages），信頼利益の賠償（reliance damages），原状回復利益の賠償（restitution damages）の3つが考えられる。これらが，損害賠償の標準的な算定基準（standard measure）となる。このうち，最も基本的なものが，履行利益の賠償（expectation damages）の賠償である。これは，契約（contract）が履行されたときと同じ状態におく賠償である。

信頼利益の賠償（reliance damages）は，履行利益の賠償（expectation damages）によって，被告（defendant）が契約（contract）を履行していたならば原告（plaintiff）が得られたであろう利益を十分に示すことができない場合に用いられる。すなわち，当事者が相手の履行を信頼して出捐した損害であり，履行を期待した当事者の信頼によって生じた損失を，履行されなかったことによって損害を受けた当事者に与えるものである。

また，原状回復利益の賠償（restitution damages）は，相手方に与えた利益を自己に回復する利益であり，相手方の不当利得（unjust enrichment）の返還を中心に考えられるものである。

上記【事例10-1】では，Bill（債権者）(obligee)がAlice（債務者）(obligor)の履行（自転車を引き渡すこと）による期待（expectation）を裏切ったことによる損害に他ならない。すなわち，履行利益の賠償（expectation damages）とは，契約（contract）が履行されなかった場合において，契約当事者が合理的に当てにしていたものを得られなかった損失に対する客観的基準に基づく補塡的損害賠償（compensatory damages）であるということができる。

【事例 10－2】

> Bill は，かねがね自転車レースに出たいと考えていた。その自転車レースに出場して優勝すると 10,000 ドルの賞金が得られる。Bill は若い頃自転車レースに出場し優勝した経験を持っていた。Bill が Alice にそれを話すと，Alice は Bill に 1,000 ドルで自分の競走用の自転車を売ってもよいと答えた。Bill は，喜んでそれに承諾し，Alice に 1,000 ドル支払った。その後すぐに，Bill は，自転車レースのエントリー代金 100 ドルを払って自転車レースにエントリーした。
>
> しかし，レースの直前になって Alice が自転車の引渡しを拒んだ。Bill は慌てて代わりの自転車を購入したが，その価格は 1,200 ドルであった。また，自転車を買うために自転車販売店に行ったが，その交通費が 100 ドルかかった。

　この事例の場合，どのように履行利益を考えればよいのであろうか。
　まず，Bill が Alice に支払った自転車代金 1,000 ドルは通常損害（general damage）と呼ばれるものである。また，Bill は自転車レースにエントリーした代金 100 ドルも通常損害（general damage）である。ただし，この事実を Alice が知っている必要がある。
　もし単に，Bill が自転車レースに出場する事実を Alice が知らない場合には，Alice は 100 ドルの損失を予見できなかったため，通常損害（general damage）には入らず特別損害（special damage）となる。この場合，Alice が予見できなかったという理由により，損害賠償（damages）の対象には入らないことになる。
　また，Bill は代替品の自転車を自転車販売店で購入したが，これも Alice が予見できたかどうかによって，通常損害（general damage）か特別損害（special damage）に分かれる。特に，このような損害賠償（damages）は，付随

的損害賠償（incidental damages）と呼ばれる。

　優勝賞金 10,000 ドルはどうであろうか。これは，Alice は予見することは不可能であり，特別損害（special damage）となる。このような損害賠償（damages）は，結果的損害賠償（consequential damages）と呼ばれる。

　前述のように，履行利益の賠償（expectation damages）は，通常損害（general damage）と特別損害（special damage）に分けられるが，一般的に，通常損害（general damage）は認められる傾向がある。しかし，特別損害（special damage）を認めるかどうかの判断は，①確実性のルール（certainty rule），②回避可能な結果のルール（avoidable consequences rule），③予見可能性のルール（foreseeability rule）の3つがあり，これらに基づいて判断されることになる。

　以下，それぞれ契約法第2次リステイトメント（Restatement（Second）of Contracts）の規定をあげておこう。

【Restatement（Second）of Contracts　§350】

第350条　損害賠償の制限としての回避可能性
(1) 第2項に定める場合を除き，契約違反を受けた当事者が，不当なリスク・負担・屈辱感を伴うことなく，回避できたはずの損失に対して，損害賠償を認めることはできない。
(2) 契約違反を受けた当事者は，損失を回避するためにした合理的な努力が不成功に終わった場合であっても，それが合理的な努力である限度において，第1項に定めるルールによって賠償を妨げられない。

【Restatement（Second）of Contracts　§351(1)】

第351条　予見可能性及びそれに関連する損害賠償の制限
(1) 契約違反をした当事者が，契約締結時において，その違反から生ずる蓋然性のある結果として予見可能でなかった損失に対して，損害賠償を認めることはできない。

【Restatement (Second) of Contracts §352】

第352条 損害賠償の制限としての不確実性
　合理的な程度の確実性（reasonable certainty）をもって立証される額を超える損失に対して，損害賠償を認めることはできない。

　なお，実際には，上記【事例10-2】のAliceが知っていたというよりも，合理的一般人であれば，違反（breach）から生じる損害を契約締結時に予見できたかどうかが判断基準となる。もし，合理的一般人であれば，予見できたような場合には，派生的損害賠償（consequential damages）として，相手方に損害賠償（damages）を請求することができる。ただし，物品（goods）の売買契約（sales contract）においては，買主（buyer）のみが，派生的損害賠償（consequential damages）を請求することができる。

　特別損害（special damage）の賠償を認めるかどうかの判定には，予見可能性（foreseeability）のほかに，確実性（certainty）と回避可能性（avoidability）がある。特別損害（special damage）については，損害が推測に基づくもの（speculative）であってはならず，合理的な程度に確実に存在すると立証される必要があり，これを確実性の原則（certainty rule）と呼んでいる。

　また，契約違反（breach of contract）から生ずる損害を拡大させないようにする合理的な努力を原告（plaintiff）が怠った場合，拡大部分の賠償は否定される。これは回避可能な結果のルール（avoidable consequences rule）と呼ばれている。

【事例10-3】　Krauss v. Greenbarg, 137 F.2d 569 ［3d Cir. 1493］

　被告（defendant）であるGreenbargは，一定数量のゲートル（脚絆）を納入する契約を陸軍と締結していた。この契約には，ゲートル納入の時期と数量及び履行遅滞に対して，1日当たりの違約金が定められていた。一方，同じ日付で，Greenbargは，ゲートル製造に必要な帯紐の供給を受ける契約（contract）を，原告（plaintiff）であるKraussとの間で締結した。
　ところが，Kraussが契約（contract）に定めたとおりの帯紐を供給しな

かったので，Greenbargは陸軍と締結した契約所定の時期に，ゲートルの納入をすることができず，その結果，陸軍に違約金を支払わなければならなかった。このため，GreenbargがKraussへの支払いを止めたことから，KraussはGreenbargに対して，引き渡した帯紐の代金の支払いを求めて訴えを提起した。

 Greenbargは，代金の未払いは認めたが，これは，Kraussの契約違反（breach of contract）によりGreenbargが被った特別損害（special damage）であるとして，GreenbargはKraussに，その賠償を求める反訴（counterclaim）を提起した。Kraussは，契約（contract）どおりの引渡しをしなかった事実は認めたが，Greenbargの主張した特別損害（special damage）に対する責任は否定した。

 原審は，GreenbargとKraussの請求額の差額から，Kraussが責任を認めた額を控除した分の賠償を認めたが，Kraussはそれを不服として上訴した。Kraussは，Greenbargが陸軍に対する違約金の支払いを回避することができたにもかかわらず，Greenbargがそれを怠ったと主張した。

 原告（plaintiff）であるKraussの主張によれば，Kraussは，他の工場に製造させていたが，この工場の機械が故障し，そのため帯紐の納入が遅れたとのことであった。ところが，被告（defendant）であるGreenbargは，陸軍との契約（contract）の中で，この事情を陸軍に知らせ，履行期延長を申請すれば認められるはずであったのに，Greenbargはその申請をしなかったと主張した。すなわち，回避可能な損害であったと主張した。しかし，上訴審でも，この主張は認められず，原審が指示された。

(4) Hadley v. Baxendale 事件

 履行利益の賠償（expectation damages）は，通常損失（general damage）と特別損失（special damage）に分かれ，通常損失（general damage）と特別損失（special damage）の差は，その損失を債務者（obligor）が契約当時，予見できたかどうかが大きなポイントになる。

 この考え方は，ハドレー・ルール（Hadley Rule）と呼ばれ，19世紀半ばの

イギリスにおける Hadley v. Baxendale 事件（Hadley v. Baxendale, 9 Exch. 341, 156 Eng. Rep. 145（1854））という重要判例に基づくものである。

【事例 10－4】 Hadley v. Baxendale, 9 Exch. 341, 156 Eng. Rep. 145（1854）

> 原告（plaintiff）である Hadley は，イギリスのグロスターの製粉工場の経営者である。5月11日に製粉機のクランク・シャフトが折れて，製粉機が動かなくなってしまった。そこで，折れたシャフトを修理するために，グリニッジにある機械工場まで運び，それを型に新しいクランク・シャフトを作ってもらうこととなった。そのため，13日に従業員を被告（defendant）である運送業者 Baxendale に行かせ，クランク・シャフトの運送の相談をした。
>
> 従業員は，Baxendale の担当者に，工場が操業停止状態になっていること，折れたシャフトを至急グリニッジにある機械工場に運ぶ必要があることを伝えた。Baxendale の担当者は，午前中にクランク・シャフトを持ってきてくれれば，翌日にはグリニッジにある機械工場まで運ぶことが可能であることを伝えた。そこで，翌14日の午前中に折れたクランク・シャフトが Baxendale に届けられた。
>
> ところが，何故か陸上輸送のはずが，Baxendale のミスにより海上輸送となり，グリニッジへの配送が5日間遅れることとなった。その間，Hadley では操業が停止したままであり，その間の逸失利益は300ポンドとして，Hadley は Baxendale に対して訴訟を提起した。

この事件で問題とされたのが，5日間の操業停止の間の逸失利益（Hadley の主張では300ポンド）が損害賠償の範囲に入るかどうかである。第1審では，この間の逸失利益として50ポンドを認めたものの，上訴審では，これを認めなかった。なぜなら，Baxendale がその損失に対して予見できなかったという理由による。

契約違反（breach of contract）の当事者 Baxendale が，相手方 Hadley の特別な事情を知らない場合，契約違反（breach of contract）から生ずる損害は，特別事情から生ずる特別損害（special damage）を除き，一般的な通常

損害 (general damage) にのみ損害を賠償する責任が生じるという考え方に基づくものである。これをハドレー・ルール (Hadley Rule) と呼び，その後の裁判に大きな影響を残し，いまでも損害賠償の重要なルールとして位置づけられている。

以下の事例は，このハドレー・ルール (Hadley Rule) を適用した判例である (Kenford Co., Inc. v. County of Erie (N.Y. 1989))。この事件では，ハドレー・ルール (Hadley Rule) の予見可能性 (foreseeability) の内容について言及している。

【事例10－5】 Kenford Co., Inc. v. County of Erie (N.Y. 1989)

> 原告 (plaintiff) である Kenford Co., Inc. は，地方自治体である被告 (defendant) の County of Erie に土地を無償提供し，その代わりにドーム型のスタジアムを建設してもらい，その管理権を Kenford Co., Inc. が取得するという契約 (contract) を結んだ。Kenford Co., Inc. と County of Erie は，その周辺の土地が値上がりするだろうと認識していた。
>
> ところが，財政上の理由から，スタジアムが建設できないことになった。このため Kenford Co., Inc. は，予想していた周辺の土地の値上がり分の賠償を求めて County of Erie を訴えた。

この事例の場合，Kenford Co., Inc. も County of Erie もその周辺の土地が値上がりするだろうと認識していた。しかし，ニューヨーク州最高裁は，原告 (plaintiff) である Kenford Co., Inc. の主張を認めなかった。その理由は，当事者が引き受けていないリスクを負うことはハドレー・ルール (Hadley Rule) に反し，被告 (defendant) である County of Erie があらかじめ引き受けたリスクは，管理権の喪失と管理料だけであり，周辺部の値上がりによる利益までは負わないとした。

すなわち，ハドレー・ルール (Hadley Rule) の予見可能性 (foreseeability) とは，当事者が想定していた範囲の損害賠償 (damages) に限定され，それを超える損害までは賠償の義務を負わないという意味である。

(5) 信頼利益の賠償

契約違反（breach of contract）に対する救済（remedy）としては，第一義的に履行利益の賠償（expectation damages）を考慮する必要があるが，被告（defendant）が契約（contract）を履行（performance）していたならば原告（plaintiff）が得られたであろう利益を十分に示すことができない場合がある。

このような場合には，履行利益の賠償（expectation damages）ではなく，信頼利益の算定基準に基づいて，損害賠償（damages）を請求することができる。これを信頼利益の賠償（reliance damages）という。すなわち，契約（contract）が履行された場合に原告（plaintiff）が得たであろう利益を合理的な確実性（reasonable certainty）をもって証明することができない場合，信頼利益の賠償（reliance damages）を得ることができる。

【事例 10-6】

> 駅前の店舗で焼き肉店を開くことを考えていた Alice は，駅前に貸店舗があることに気づき，その所有者である Bill と交渉した。その結果，Bill から駅前の店舗を借りることに合意した。そのため，焼き肉店への改装工事のための手配，従業員の雇用，広告など焼き肉店を開くための準備を進めた。ところが，突然 Bill から店舗を貸さないという通知を受けた。

このような場合で，契約（contract）が履行（performance）された場合に原告（plaintiff）が得たであろう利益を合理的な確実性（reasonable certainty）をもって証明することができない場合には，信頼利益の賠償（reliance damages）に基づいて，Alice は焼き肉店を開くために支出した金額を Bill に請求することができる。

(6) 原状回復利益の賠償（restitution damages）

原状回復利益（restitution）とは，相手方に与えた利益を自己に回復する利益である。

【事例 10-7】

　駅前の店舗で焼き肉店を開くことを考えていた Alice は，駅前に貸店舗があることに気づき，その所有者である Bill と交渉した。その結果，Bill から駅前の店舗を借りることに合意した。そして，Alice は手付金 10,000 ドルを Bill に支払った。ところが，突然 Bill から店舗を貸さないという通知を受けた。

　この事例の場合には，明らかに Alice が Bill に支払った 10,000 ドルは，Bill の不当利得（unjust enrichment）になる。この場合，Bill は原状回復（restitution）する義務を負い，Alice は原状回復利益の賠償（restitution damages）を請求することができる。

(7) 約定損害賠償（liquidated damages）

　被告（defendant）の契約違反（breach of contract）によって原告（plaintiff）が被った損害が正確に算定できないような場合に，あらかじめ損害賠償（damages）の額を契約締結時に決めておくことができる。これを約定損害賠償（liquidated damages）という。

　たとえば，知的財産権に関する契約違反（breach of contract）の場合には，その違反（breach）によってどれだけ原告（plaintiff）が損害を受けたか正確には評価できないことが多い。このような場合に，約定損害賠償（liquidated damages）を決めておくことができる。ただし，契約違反（breach of contract）により生じる現実の，または予期される損害は，合理的な額にとどまるものでなければならない。

　約定損害賠償（liquidated damages）を決める際には，以下の要件を満たさなければならない。

① 契約違反（breach of contract）による損害の見積りまたは確認が，契約（contract）の成立時点で困難である。かつ，
② 合意された額が，契約違反（breach of contract）の場合の補填的損害賠償（compensatory damages）として合理的に予測されたものである。

合理的に予測されたものかどうかについては，将来起こりえると想定した損害額と，約定損害賠償（liquidated damages）を比較して判断される。もし，約定損害賠償（liquidated damages）が不合理なものと判断された場合には，裁判所はこれを違約罰（penalty）と解釈し，約定損害賠償（liquidated damages）からこれを控除した額のみに強制力を有すると解釈する傾向がある。すなわち，異常に高額で不合理な約定損害賠償（liquidated damages）については，裁判所は強制力を有さないとする。

(8) 物品（goods）の売買契約

物品（goods）の売買契約において，売主（seller）が物品（goods）を引き渡さない，または買主（buyer）が提供された不適合物品（goods）の受領を正当に拒否するような場合の買主（buyer）の損害賠償額は，どのように算定するのであろうか。すなわち，売主（seller）が契約違反（breach of contract）をした場合の買主（buyer）の損害賠償額の算定である。このような場合，基本的に，契約価格と以下の差額をもって損害賠償額を算定する。

① 市場価格，または，
② 「代用品を購入する費用」＋「付随的損害・派生的損害」−「違反によって節約された費用」

市場価格は，時期と場所によって異なる場合があるので，算定の基準となる市場価格は，一般に，買主（buyer）が契約違反（breach of contract）を知った時点とし，提供がなされた場所を基準とする。なお，損害賠償額の算定時期は，売主（seller）と買主（buyer）で異なる。売主（seller）の損害賠償額の算定時期が，引渡しの時点を基準とするのに対し，買主（buyer）の損害賠償額の算定時期は，買主（buyer）が契約違反（breach of contract）を知った時点である。

一方，買主（buyer）が履行を拒絶する，または適合する物品（goods）の受領を拒否するような売主（seller）の損害賠償額は，どのように算定するのであろうか。すなわち，買主（buyer）が契約違反（breach of contract）をした場合の売主（seller）の損害賠償額の算定である。この場合，統一商事法典（U.C.C.）では，以下の3通りのルールを定めている。

① 市場価格（引渡しの時点及び場所を基準とする）と契約価格との差額を回復すること
② 物品（goods）を転売し，契約価格と転売価格との差額を回復すること，または，
③ 逸失利益を基準に，契約価格と売主（seller）にかかる費用との差額を回復すること

【事例10-8】

> 画商のAliceは，Billにクロード・モネの絵を100,000ドルで売る申込をし，Billはそれに承諾をした。ところが，Billは，この絵は欲しくないと言い出した。そこで，AliceはCindyにこのクロード・モネの絵を90,000ドルで売ることにした。

この場合，上記②を適用し，Aliceは，100,000（契約価格）ドル－90,000ドル（転売価格）＝10,000ドル（差額）をBillに請求することができる。ところが，Aliceは画商ではなく，自動車販売事業者であり，同じ車種の自動車を大量に売っている場合はどうであろうか。

AliceはBillとある特定の車種の自動車を100,000ドルで売る契約（contract）をしたが，Billが契約違反（breach of contract）をした。そこでAliceはCindyにこれを転売した。Billが契約違反（breach of contract）をしていなければ2台売れたはずである。よって，上記②は適用できず，③の逸失利益を基準に考えることが妥当である。

(9) その他の契約の損害賠償額の算定基準
① 土地売買契約
土地売買契約に違反があった場合，損害賠償の標準的な算定基準は，契約価格と土地の公正な市場価値との差額による。
② 建築契約
依頼者による契約違反（breach of contract）があった場合，建築業者は，契約（contract）から得られるはずだった利益に，かかった費用を

加算した額を損害賠償額とすることができる。一方,建築業者に契約違反（breach of contract）があった場合,依頼者は,完成に要する費用に,遅延に対する合理的な補償金を加算した額を損害賠償額とすることができる。
③ 雇用契約
　雇用者による違反があった場合,従業員の損害賠償の標準的な算定金額は,契約価格の全額である。一方,従業員による違反があった場合,従業員の交替に要する費用から算出される。

2. 特定履行（Special Performance）

　金銭的救済,いわゆる損害賠償に対して,非金銭的救済として特定履行（specific performance）がある。伝統的なコモン・ロー（common law）では,金銭的救済が主な救済手段として考えられてきたが,それでは解決にならない場合に,エクイティ上の救済手段である特定履行（specific performance）と差止（injunction）による解決策がある。特に,契約法上の非金銭的救済としては,特定履行（specific performance）がとられる。ただし,特定履行（specific performance）を強制するには,いくつかの制約があり,契約違反（breach of contract）の救済手段としては,第一義的には,金銭的救済であり,特定履行（specific performance）による救済（remedy）については,限定的である場合が多い。すなわち,特定履行（specific performance）は例外措置と考えられている。

(1) 特定履行（Special Performance）

　コモン・ロー（common law）上の救済である金銭的救済,すなわち損害賠償（damages）では,その救済が不十分な場合,違反のない当事者は特定履行（specific performance）を請求することができる。特定履行（specific performance）は,裁判所が違反当事者に対して強制することのできるものである。もし,違反当事者が,裁判所の特定履行（specific performance）の履行命令に従わない場合には,裁判所侮辱罪で召喚され,制裁金が課されたり,ま

2. 特定履行 (Special Performance)

たは拘禁されたりすることもある。

　コモン・ロー裁判所は，契約 (contract) を特定的に履行させることはできず，特定履行 (specific performance) は，コモン・ロー裁判所ではなく，エクイティ裁判所の強制力に基づくものであった。このように，損害賠償 (damages) による解決方法をとるコモン・ロー裁判所と，特定履行 (specific performance) の履行命令を出すエクイティ裁判所は，それぞれ別の機能を有していたが，現在では，多くの州で統合され，同一の裁判所で，両方の救済方法がとられるようになった。

　コモン・ロー (common law) による損害の救済が不十分であるとされる最も一般的な場合としては，契約の対象物が個性的 (unique) であることである。もし，契約の対象物が個性的 (unique) なものである場合，金銭的賠償では，契約が履行されたのと同じ立場に原告 (plaintiff) を置くことはできない。そのために，特定履行 (specific performance) が必要となる。

【事例 10−9】

> 画家の Alice は，Bill の肖像画を 10,000 ドルで描くことに合意し，Bill は Alice に 10,000 ドル支払った。ところが，Alice は，突然 Bill の肖像画を描かないと言い出した。

　この事例では，契約 (contract) の対象物が Bill の肖像画であるので，個性的 (unique) なものであるといえる。画家の Alice が著名な画家であれば，その肖像画は価値ある個性的 (unique) なものとなるであろう。当然に Bill が Alice に支払った 10,000 ドルは不当利得 (unjust enrichment) 返還請求として取り戻すことができるが，Bill にとって，それが解決策にならない場合には，Alice に肖像画を描くという特定履行 (specific performance) を請求することができる。

　ただし，裁判所は，特定履行 (specific performance) の履行命令を出すのに慎重である。なぜなら，Alice にとって，特定履行 (specific performance) がアメリカ合衆国憲法で禁じられている苦役に相当する可能性があるからである。一方，金銭的救済は，苦役に相当することがないので，損害賠償 (damages）による解決が，より容易であると言える。

　この特定履行（specific performance）の訴訟に対しては，被告（defendant）は，エクイティ（equity）上の抗弁（defense）が可能である。エクイティ（equity）上の抗弁（defense）としては，以下の3つがある。
① 消滅時効（laches）
② クリーン・ハンズの原則（Clean-Hands Theory）
③ 善意有償取得者への売却（sell to bona fide purchaser）

　消滅時効（laches）については，原告（plaintiff）が，消滅時効（laches）の期間を過ぎて訴訟を提起した場合に，その遅れが被告（defendant）を害したという理由により抗弁（defense）を行う。いわゆる消滅時効（laches）を抗弁（defense）とする方法である。クリーン・ハンズの原則（Clean-Hands Theory）とは，特定履行（specific performance）を求める当事者は，訴訟の対象となっている取引において，不正行為をしたとする抗弁（defense）である。すなわち，特定履行（specific performance）を求める者は，その取引において不正行為をしたということがあってはならないという原則である。善意有償取得者への売却（sell to bona fide purchaser）とは，契約の目的物が，すでに善意かつ有償で取得した者に売却されたという抗弁（defense）である。

(2) U.C.C. 第2編における非金銭的救済手段（Nonmonetary Remedies）

　買主（buyer）の非金銭的救済手段として，契約（contract）の解約（cancellation）がある。契約（contract）に適合しない物品（goods）として，買主（buyer）が物品（goods）を正当に拒絶する場合に，買主（buyer）は契約を解約することができる。

　また，買主（buyer）が購入価額の一部を支払ったものの，売主（seller）が物品（goods）を引き渡さない場合には，以下の要件に該当する場合，動産占有回復訴訟（replevy）により，売主（seller）から物品（goods）を取り戻すことができる。
① 売主（seller）が，買主（buyer）の最初の支払いを受けた後，10日以内に支払不能（insolvent）となった場合，または，
② 物品（goods）が，個人的，家族，家中の者のために購入されたもので

2. 特定履行（Special Performance）

ある場合

ただし，買主（buyer）は，未払い分を支払う必要がある。また，買主（buyer）が，相当の努力をした後に，十分な代替品を確保することができなかった場合にも，買主（buyer）は物品（goods）を取り戻すことができる。特に，固有の物品（goods）の場合には，代替品がないので，これを取り戻すことが可能である。

【事例 10−10】

> Alice は Bill に，手作りの人形を 1,000 ドルで売る契約を締結した。Bill は，この人形を娘にプレゼントするつもりで，前金として 500 ドル支払った。しかし，Alice は Bill に，この人形の引渡しを拒んだ。

この場合，動産占有回復訴訟（replevy）により，この人形を取り戻すことができる。ただし，Bill は残金の 500 ドルを支払わなければならない。

逆に，Bill が支払いを拒んだ場合には，Alice は，この人形の留置権（lien）により，引渡しを留保することができる。

練習問題

1. 以下の判例を読んでみよう。
   (1) Krauss v. Greenbarg, 137 F.2d 569 ［3d Cir. 1493］
   (2) Hadley v. Baxendale, 9 Exch. 341, 156 Eng. Rep. 145（1854）
   (3) Kenford Co., Inc. v. County of Erie（N.Y. 1989）
2. 以下の契約法第 2 次リステイトメント（Restatement (Second) of Contracts）の条文を英語で読んでみよう。
   (1) §350
   (2) §351
   (3) §352

第11章

契約における第三者の権利と義務
(Rights and Duties of Third Parties to Contract)

◆学習のねらい

　契約（contract）の当事者以外の第三者（third party）も，契約（contract）に関する権利を有し，また義務を負うことがある。この章では，契約（contract）における第三者（third party）の権利と義務を学習することにしよう。

1. 第三者のための契約 (Contract for Third Parties)

(1) 第三受益者 (Third-Party Beneficiary)

【事例 11−1】

> AliceはBillに，「1,000ドルで自分の自動車をBillに売るが，代金の1,000ドルはCindyに払って欲しい」という申込をし，Billはそれについて承諾をした。Aliceはその旨をCindyに伝えたところ，Cindyはこれに同意（assent）した。その後，AliceはBillに自動車を引き渡したが，Billは，Cindyに1,000ドル払おうとしなかった。そこで，CindyはBillに1,000ドル支払うよう提訴した。

　この事例の場合，この契約（contract）の当事者はAliceとBillであり，Aliceが受約者（promisee）であり，Billが約束者（promisor）である。

1. 第三者のための契約（Contract for Third Parties）

Cindy は，この契約（contract）の当事者ではなく，Cindy は第三受益者（third-party beneficiary）である。

Alice が Bill を訴えることについては問題ないが，契約（contract）の当事者でない Cindy が，はたして Bill を訴えることができるのかというのが問題となる。

従来，伝統的なコモン・ロー（common law）の世界では，契約（contract）の効果は契約当事者にだけにしか及ばないという原則があり，契約（contract）の当事者でない Cindy（第三受益者）（third-party beneficiary）が契約（contract）の当事者である Bill を訴えることについては否定的であった。なぜなら，Cindy と Bill の間には約因（consideration）がないからである。ところが，現在では，この考え方に修正が加えられ，限定的ではあるが，第三者（third party）のための契約（contract）を認めている。これを第三者のための契約（contract for the benefit of a third party）という。

たとえば，上記の【事例 11-1】で，Cindy が Alice に 1,000 ドル貸している場合を考えてみよう。Alice は Cindy に 1,000 ドル返す義務を負っている。一方，Cindy は Alice に 1,000 ドル請求する権利を持っている。このため，Alice は Cindy に 1,000 ドル返すつもりで Bill と契約（contract）を結んだとする。

この場合の Cindy は，債権者（obligee）としての受益者（creditor beneficiary）であり，受約者（promisee）（被約束者）である Alice が債務を負っている対象となるものである。したがって，Bill が 1,000 ドルを Cindy に支払わない場合には，Cindy は債権者（obligee）としての受益者（creditor beneficiary）として Bill に請求することが可能である。このような考え方が，現在では一般的である。

一方，Alice が Cindy に対して何ら債務を負っていない場合はどうか。すなわち，Bill が Cindy に支払うべき 1,000 ドルが，Alice から Cindy に対するプレゼントの場合である。この場合，Cindy は，受贈者としての受益者（donee beneficiary）であり，受約者（promisee）（被約束者）である Alice が無償で利益を与えることを意図する対象となる者である。

上記の 1,000 ドルを Cindy が Alice に貸している場合に比べると，Cindy が Bill に対し請求する権利は極端に弱くなる。またプレゼント（贈与）（gift）

という性質のため，基本的には，Cindy には契約（contract）を強制する権利はない。

しかし，これについては，州（state）によって対応が異なる。たとえば，ニューヨーク州法などでは，Alice と Cindy の間に家族関係があれば認めるとしている（Seaver v. Ramsom, 224 N.Y. 233, 120 N.E. 639 (1918)）。逆に家族関係がなければ，受贈者である Cindy に契約（contract）を強制することは許されないとしている。

このように，契約法第1次リステイトメント（Restatement (First) of Contracts）では，第三受益者（third-party beneficiary）を，債権者（obligee）としての受益者（creditor beneficiary）と受贈者としての受益者（donee beneficiary）に分けていたが，契約法第2次リステイトメント（Restatement (Second) of Contracts）では，分けることはせず，これらを意図された受益者（intended beneficiary）と呼んでいる。すなわち，契約当事者が，第三者（third party）を契約（contract）の権利者として認める意図があるという意味である。

では，次の事例では，どうであろうか。

【事例11－2】

> Alice は Bill に「1,000ドルで自分の自動車を Bill に売るが，代金の1,000ドルは Cindy に払って欲しい」という申込をし，Bill はそれについて承諾をした。Alice はその旨 Cindy に伝えたところ，Cindy はこれに同意（assent）した。その後，Alice は Bill に自動車を売らないと言った。そこで，Cindy は Alice を訴えた。

【事例11－1】とは逆に，Alice が債務不履行（default）を起こした場合である。この場合であっても，Cindy が債権者（obligee）としての受益者（creditor beneficiary）である場合，Alice を訴えることができる。また，Bill も Alice に対して債務不履行責任（liability for default）を追及することができる。しかし，Cindy が受贈者としての受益者（donee beneficiary）の場合，州（state）によって判断が異なることになろう。

第三者（third party）のための契約（contract）において，第三者（third

party）の権利が認められた最初の判例は，19世紀半ばのニューヨーク州最高裁判決の Lawrence v. Fox 事件（Lawrence v. Fox, 20 N.Y. 268（N.Y. 1859））である。この事件を確認してみよう。

【事例11-3】 Lawrence v. Fox, 20 N.Y. 268（N.Y. 1859）

> Alice は被告（defendant）である Fox に 300 ドル貸した。そのとき，Alice は Fox に，Alice は原告（plaintiff）である Lawrence に 300 ドルを借りていることを告げ，Fox は，Alice から借りた 300 ドルを Lawrence に返すことを約束した。ところが，Fox は Lawrence に 300 ドルを返さなかったので，Lawrence は Fox を訴えた。

この裁判では，原告（plaintiff）である Lawrence と被告（defendant）である Fox との間に契約関係がないということが争点になったが，ニューヨーク州最高裁はこの請求を認めた。この判決以降，伝統的なコモン・ロー（common law）に修正が加えられ，今日に至っている。

(2) 意図された受益者（intended beneficiary）と付随的受益者（incidental beneficiary）

第三者（third party）には，意図された受益者（intended beneficiary）のほかに，付随的受益者（incidental beneficiary）が存在する。以下の，事例を考えてみよう。

【事例11-4】

> Alice の家の壁が台風で損傷したので，Alice は Bill に 1,000 ドルで修理を頼み，Bill はこれに承諾をした。Alice の隣は Cindy の家であったが，Alice の家に隣接しており，このまま Alice の家の壁が壊れたままになっていると，Cindy の家に崩れてくる可能性があり，Alice の家の壁の修理は，Cindy にとっても利益のあることであった。ところが，Bill は 1,000 ドル受け取ったにもかかわらず，Alice の家の壁の修理をしなかった。

この事例の場合，【事例11-1】と同様，Cindyは契約当事者ではなく第三者（third party）である。この場合のCindyは，付随的受益者（incidental beneficiary）と呼ばれ，この契約（contract）に何ら権利を有さない。すなわち，意図された受益者（intended beneficiary）のみが権利を有し，付随的受益者（incidental beneficiary）は，なんら権利を有さないことになる。

具体的には，第三者（third party）が，意図された受益者（intended beneficiary）か付随的受益者（incidental beneficiary）かを決めるには，以下の3点を検討する。

① 契約（contract）の中で第三者（third party）が特定されているか
② 約束者（promisor）から直接に履行（performance）を受けるか，または，
③ 第三者（third party）に受益の意思を示す何らかの受約者（promisee）との関係があるか。

これらを満たしていれば，意図された受益者（intended beneficiary）と考えることができる。

(3) 受益者の権利の確定（Confirmation of Beneficiary's Rights）

【事例11-1】の場合，第三者（third party）であるCindyの権利が確定するのはいつであろうか。第三者（third party）が契約（contract）の履行（performance）を強制できるのは，第三者（third party）の権利が確定した場合のみであり，権利が確定しない間は，第三者（third party）は契約（contract）を強制することはできない。

第三者（third party）の権利の確定は，契約（contract）の中で第三者（third party）の権利を確定した場合にはそれに従うが，それ以外の場合には，以下のいずれかに該当する場合である。

① 受約者（promisee）及び約束者（promisor）が求める方法で，第三者（third party）が約束（promise）の同意（assent）を明示した場合
② 第三者（third party）が約束（promise）の強制を求めて訴訟を提起した場合，または，
③ 約束（promise）を正当に信頼して，その地位に重大な変更をもたらした場合

【事例11-1】では，受約者（promisee）であるAliceが第三者（third party）のCindyに，Billから1,000ドル支払われる旨を連絡し，Cindyもそれに同意（assent）を示したことから，上記①に該当し，その時点で権利が確定したことになる。もし，その後，AliceとBillとの間で，1,000ドルを900ドルに減額する話が持ち上がったとしても，Cindyの支払われるべき1,000ドルはそのままであるから，この場合は，Cindyにその旨伝え，新たな同意（assent）を得なければならない。

逆に，AliceがCindyに，1,000ドルの話を持ち掛ける前，または同意（assent）を得る前であれば，Aliceの権利は確定していないので，AliceとBillとの間で，1,000ドルを900ドルに減額する話は自由にできることになる。すなわち，第三者（third party）の権利が確定するまでは，第三者（third party）の意見を聞くことなく，受約者（promisee）及び約束者（promisor）は，第三者（third party）の権利の修正または解除を行うことができる。しかし，第三受益者（third-party beneficiary）の権利が確定すると，約束者（promisor）及び受約者（promisee）は，第三者（third party）の同意（assent）なしにその権利を変更することはできない。

また，第三受益者（third-party beneficiary）が約束の強制を求めて訴訟を提起した場合，その訴訟を提起する行為により権利が確定する。この場合には，他の要件は不要である。

(4) 約束的禁反言（Promissory Estoppel）との関係

【事例11-5】

> AliceはBillに1,000ドルで自分の自動車を売るが，1,000ドルは従妹のCindyに払って欲しいという申込（offer）をし，Billはそれについて承諾をした。AliceはCindyに，もうじき1,000ドル入るからCindyが欲しがっていた新しいテレビが買えるようになるだろうと言った。Cindyは，1,000ドルをあてにして，すぐに新しいテレビを800ドルで購入した。ところが，AliceはBillに自動車を売らないと言い出した。

この場合、Cindy は明確に同意（assent）の意思表示をしていないので、Alice に対して契約（contract）の第三受益者（third-party beneficiary）として訴えることはできない。しかし、Cindy は、Alice の言葉を信じて新しいテレビを買ったために、Alice に対して約束的禁反言（promissory estoppel）または不利益的信頼（detrimental reliance）として訴えることはできる。

2. 権利の譲渡及び義務の移譲（Assignment of Rights and Delegation of Duties）

(1) 権利の譲渡（Assignment of Rights）

以下の事例を考えてみよう。

【事例 11−6】

> Alice は Bill に 1,000 ドルで自分の自動車を売る申込をし、Bill はそれについて承諾をした。Alice は、急に現金が必要になったので、Alice の権利（1,000 ドル）を Cindy に譲渡した。

Bill（債務者（obligor））が Alice（譲渡人（assignor））と契約（contract）を締結した。そして Alice（譲渡人（assignor））は Bill（債務者（obligor））の履行についての自己の権利（1,000 ドルを受け取る権利）を Cindy（譲受人（assignee））に譲渡することが可能である。これは、典型的な債権譲渡（assignment of rights）である。伝統的なコモン・ロー（common law）では、権利の譲渡は認められていなかったが、現代においては、一般的に認められている。

上記の事例では、Alice の権利は 1,000 ドル受け取るという権利であったが、いかなる権利が譲渡可能なのであろうか。一般に、以下の例外を除き、すべての権利が譲渡可能である。

① 債務者（obligor）の義務またはリスクを実質的に変更する契約（contract）
② 将来の契約（contract）によって発生する将来の権利の譲渡（assign-

2. 権利の譲渡及び義務の移譲 (Assignment of Rights and Delegation of Duties)

ment)

③ 法によって禁止されている譲渡 (assignment)

以下の事例を考えてみよう。

【事例 11-7】

> Alice は別荘を所有しており，ABC 保険会社と火災保険の契約を締結していた。ある時，Alice の別荘を購入しレストランに改築したいと考えている Bill に，Alice は自分の別荘を Bill に売ることにした。

この場合，Alice は Bill に別荘を売ることは可能である。しかし ABC 保険会社との火災保険契約における Alice の権利（保険金を受け取る権利）を Bill に自由に譲渡 (assign) することはできない。なぜなら別荘をレストランに改築することにより，火災のリスクが高まるからである。すなわち，ABC 保険会社との契約 (contract) は，上記①の債務者 (obligor)（ABC 保険会社）の義務またはリスクを実質的に変更する契約 (contract) に該当することになるからである。このような場合には，Alice は ABC 保険会社の同意 (assent) が必要となる。このように，相手当事者（ABC 保険会社）の権利義務に実質的な影響を与えている場合は，Alice は自分の権利を自由に第三者 (third party) に譲渡 (assign) することはできない。

【事例 11-8】 Crane Ice Cream Co. v. Terminal Freezing & Heating Co., 147 Md. 588, 128 A, 280, 39 A.L.R. 1184（1295）

> Blue 社はアイスクリーム製造業者であり，原料の氷を Red 社から供給を受けていた。その契約は，必要量供給契約 (requirement contract) であり，250 トンまでの範囲で，Blue 社が必要とする氷を Red 社が供給する内容であった。ところが，Blue 社は，この債権をアイスクリーム製造業者大手の White 社に譲渡 (assign) した。White 社の事業は Blue 社よりも格段に大きかった。Red 社が，White 社の請求に応じて最高 250 トンまでの氷を供給する義務があるかどうかについて争われた。

この事件は，1925年のCrane Ice Cream事件と呼ばれる判例であり，上記①の事例である。

一見すると，Red社とBlue社の間で，Red社が最高250トンまでの氷をBlue社に供給するという契約内容は，White社についても同じなので，問題ないように思えるが，メリーランド州最高裁は，この債権は譲渡（assign）できないものと判示した。なぜなら，必要量供給契約（requirement contract）では，一方当事者の裁量権が認められており，裁量権の行使を許すような契約（contract）は，個人的な信頼関係の強い性格のものであり，譲渡（assign）できないと判断した。

すなわち，Red社とBlue社間では，契約（contract）では最高250トンまでの氷の供給といっても，実際には，これよりもかなり低く，過去3年間の実績をみても，250トンに達することはないと両者間で認識されていた。ところが譲渡先はアイスクリーム製造業者大手のWhite社であり，250トンの氷の供給が現実的なものとなってしまったことに問題があった。

また，Red社とBlue社は個人的な関係が強かったが，White社との関係ではそれがなく，氷の価格によりRed社に250トンを要求してくる場合もあるし，逆に全くしてこない場合も考えられる。したがって，Blue社によるWhite社への債権譲渡は，債務者（obligor）（Red社）の義務に重大な影響を及ぼすものと考えられ，この債権は譲渡（assign）できないと判示された。

しかしながら，その後，統一商事法典（U.C.C.）で，これに対する修正があり，必要量供給契約（requirement contract）は，客観的基準で必要量を決めることにされた。そのため，Crane Ice Cream事件の先例拘束性（binding precedents）は弱まったといえる。

【事例11－9】

> AliceはBillに1,000ドルで自分の自動車を売る申込をし，Billはそれについて承諾をした。AliceとBillは，この合意に基づき譲渡禁止条項を入れて契約書を作成し署名した。ところが，Aliceは，急に現金が必要になったので，Aliceの権利（1,000ドル）をCindyに譲渡（assign）した。

【事例 11−6】に類似したケースである。契約（contract）に，譲渡禁止条項を置くことがある。譲渡禁止条項の内容にもよるが，一般に，契約（contract）の譲渡禁止条項は，譲渡人（assignor）の義務の移譲（delegate）のみを禁じたものと解され，権利の譲渡は可能であると解されている。

この事例の場合，Alice は 1,000 ドルの支払いを受ける権利のみを Cindy に譲渡（assign）しただけであり，Alice が Bill に自動車を売るという義務は移譲（delegation）していないので，契約（contract）に違反（breach）していないと解される。ただし，譲渡禁止条項の中で，契約（contract）の当事者の権利及び義務の移転を明示的に禁止している場合には，それに従うことになる。

(2) 義務の移譲（Delegation of Duties）

【事例 11−10】

> Alice は，1,000 ドルで Bill の家の庭を掃除する申込をし，Bill はそれについて承諾をした。ところが，Alice の体調が悪くなり，Cindy に 800 ドルで Bill の庭を掃除することを頼み，Cindy もそれに承諾をした。

Alice（債務者（obligor）・移譲者（delegator））が Bill（債権者（obligee））と契約（contract）を締結した。そして Alice（債務者（obligor）・移譲者（delegator））は，Bill（債権者（obligee））に対する義務の履行を Cindy（譲受人（assignee））に移譲（delegation）することが可能である。この事例では，Alice の Bill の家の庭を掃除するという義務の Cindy への移譲（delegation）である。

これも，伝統的なコモン・ロー（common law）では，義務の移譲（delegation of duties）は認められていなかったが，現代においては，一般的に認められている。

上記の事例では，Alice の義務は Bill の庭を掃除するという義務であったが，いかなる義務が移譲可能なのであろうか。一般に，以下の例外を除き，すべての義務が移譲可能である。

① 義務が個人的な判断及び能力を含む場合
② 移譲（delegation）が債権者（obligee）の期待に反する場合
③ 契約（contract）の第三者（third party）による特別の信頼が移譲者間に置かれていた場合
④ 移譲（delegation）について，契約上の制限が存在する場合

たとえば，【事例 11-10】で，Bill の家の庭の掃除ではなくて，Bill の肖像画を描く場合はどうであろうか。庭の掃除であれば，Alice でなくても Cindy でもできるだろうが，Bill の肖像画を描く場合には，誰にでもできるとは言えない。特に，Alice が著名な画家である場合には，Bill は Alice に自分の肖像画を描いてもらいたいと思うであろう。この場合は，①の義務が個人的な判断及び能力を含む場合に該当し，義務の移譲（delegation）はできないと考えられる。

上記②の移譲（delegation）が債権者（obligee）の期待に反する場合としては，必要量購入契約（requirement contract）や生産量一括売買契約（output contract）が考えられる。また，③の契約（contract）の第三者（third party）による特別の信頼が移譲者間に置かれていた場合としては，弁護士，医師などの関係が考えられる。

なお，移譲者（delegator）は，移譲（delegation）する現在の意図を明示する必要があるが，そのための特別な方式は存在せず，口頭でも書面でも有効である。

【事例 11-11】

> Alice は，1,000 ドルで Bill の家の庭を掃除する申込をし，Bill はそれについて承諾した。ところが，Alice の体調が悪くなり，Cindy に 800 ドルで Bill の庭を掃除することを頼み，Cindy もそれに承諾をした。しかし，Cindy は 800 ドルを受け取ったものの，一向に Bill の家の庭の掃除をしなかった。

この場合，移譲者（delegator）である Alice は，Cindy に Bill の家の庭を掃除することを頼み，Cindy に 800 ドル支払ったとしても，Bill との契約上の

2. 権利の譲渡及び義務の移譲（Assignment of Rights and Delegation of Duties）

責任は免除されない。したがって，Bill（債権者）（obligee）は Cindy（譲受人）（assignee）の債務不履行（default）についての訴えを Alice（移譲者）（delegator）に対して提起することができる。

では，Bill は Cindy に直接訴えを提起することができるのであろうか。債権者（obligee）である Bill は，債務不履行（default）の訴えを Cindy（譲受人）（assignee）に対して提起することは可能であるが，Cindy（譲受人）（assignee）に対して現実の履行を求めることができるのは，引受（assumption）があった場合のみである。

すなわち，譲受人（Cindy）が移譲（delegation）された義務の履行を約束（promise）し，この約束（promise）が約因（consideration）その他の同等物によって裏付けされていることが必要である。この約束（promise）は，Alice（移譲者）（delegator）と Cindy（譲受人）（assignee）との契約関係を作出し，この場合には，Bill（債権者）（obligee）は第三受益者（third-party beneficiary）となる。

練習問題

以下の判例を読んでみよう。
1. Seaver v. Ramsom, 224 N.Y. 233, 120 N.E. 639（1918）
2. Lawrence v. Fox, 20 N.Y. 268（N.Y. 1859）
3. Crane Ice Cream Co. v. Terminal Freezing & Heating Co., 147 Md. 588, 128 A, 280, 39 A.L.R. 1184（1295）

参考図書

<和書>

石原担『英文契約書レビューに役立つアメリカ契約実務の基礎』（レクシスネクシス・ジャパン，2016年）

田島裕『アメリカ契約法』（信山社，2013年）

瀬々敦子『民法改正とアメリカ契約法』（晃洋書房，2012年）

田島裕『UCCコンメンタリーズ（1）（2）（3）』（雄松堂，2009年）

平野晋『体系アメリカ契約法』（中央大学出版部，2009年）

樋口範雄『アメリカ契約法［第2版］』（弘文堂，2008年）

西川郁生『アメリカビジネス法―契約類型と組織法（第3版）』（中央経済社，2004年）

田島裕訳『UCC2001―アメリカ統一商事法典の全訳』（商事法務，2002年）

ロバート・A・ヒルマン＝笠井修『現代アメリカ契約法』（弘文堂，2000年）

宮守則之『アメリカ契約法入門』（中央経済社，1998年）

ゴードン・D・シェーバー＝クロード・D・ローワー（内藤加代子訳）『アメリカ契約法』（木鐸社，1992年）

<洋書>

Charls L. Knapp, Natham N. Crystal, Harry G. Prince, Rules of Contract Law, (Aspen Pub., 2015)

E. Allan Fransworth, Contracts : Cases and Materials (University Casaebooks) (8th ed.), (Foundation Pr, 2013)

Marvin A. Chirestain, Concepts and Case Analysis in the Law of Contracts (Concepts and Insights) (7th ed.), (Foundation Pr, 2013)

Brian A. Blum, Contracts (Examples and Explanations) (6th ed.), (Aspen Pub., 2013)

James J. White, Robert S. Summers, Uniform Commercial Code (Hornbook Series) (Gale Cengage, 6th ed., 2010)

E. Allan Fransworth, Contracts (4th ed), (Aspen Pub., 2004)

E. Allan Fransworth, Contract (Lttle Brown, 1982)

判　例

Alaska Packers' Ass' v. Domenico (9th Cir. 1902)
Bell v. Carver, 431 S.W.2d 452 (Ark. 1968)
Boone v. Coe, 153 Ky. 233, 154 S.W. 900 (Ky. 1913)
Classic Bowl, Inc. v. AMF Pinspotters, inc., 403 F. 2d 463 (7th Cir. 1968)
Courtin v. Sharp, 280 F. 2d 345 (5th Cir. 1960)
Crane Ice Cream Co. v. Terminal Freezing & Heating Co., 147 Md. 588, 128 A, 280, 39 A.L.R. 1184 (1295)
Decatur Cooperative Ass'n v. Urban, 547 P. 2d 333 (Kan. 1976)
Drennan v. Star Paving Co., 51 Cal, 2d 409, 333 P. 2d 757 (1958)
Farmland Seivice Coop, Inc. v. Klein, 244 N.W. 2d 86 (Neb. 1976)
Feinberg v. Pfeiffer Co., 322 S.W. 2d 163 (Mo. 1959)
Gianni v. R. Russel & Co. Inc., 126 A. 791 (Pa. 1924)
Gibson v. Grange, 39 Mich. 49 (1878)
Hadley v. Baxendale, 9 Exch. 341, 156 Eng. Rep. 145 (1854)
Halbman v. Lemke, 298 N.W. 2d 562 (Wis. 1980)
Hamer v. Sidway, 124 N.Y. 538, 27 N.E. 256 (1891)
Henningsen v. Bloomfield Motors, Inc., 161 A. 2d 69 (N.J. 1960)
Hoffman v. Red Owl Stores, Inc. (Wis. 1965)
Internatio-Rotterdam, Inc. v. River Brand Rice Mills, Inc., 259 F. 2d 137 (2nd Cir. 1958)
Jacob & Youngs v. Kent, 129 N.E. 889 (N.Y. 1921)
Kenford Co., Inc. v. County of Erie (N.Y. 1989)
Krauss v. Greenbarg, 137 F. 2d 569 (3d Cir. 1493)
Krell v. Henry, 2 K.B. 740 (Ct. App. 1903)
Lawrence v. Fox, 20 N.Y. 268 (N.Y. 1859)
Mills v. Wyman 20 Mass. (3 Pick) 207 (1825)
Mitchill v. Lath 247 N.Y. 377, 160 N.E. 646 (1928)
Peacock Construction Co. v. Modern Air Conditioning, Inc., 353 So. 2d 840 (Fla. 1977)
Raffles v. Wichelhaus, H. & C. 906, 159 Eng. Rep. 375 (1864)
Ricketts v. Scothorn, 57 Neb. 51, 77 N.W. 365, Neb 346. (1898)
Searbrook v. Commuter Housing Co., 338 N.Y. S. 2d 67 (1972)

Seaver v. Ramsom, 224 N.Y. 233, 120 N.E. 639 (1918)
School District No.1 v. Dauchy, 25 Comn. 530 (1854)
Speiss v. Brandt, 41 N.W. 2d 561 (Minn. 1950)
Taylor v. Caldwell, 3 B. & S. 826, 122 Eng. Rep. 309 (K.B. 1863)
Uribe v. Olson, 601 P. 2d 818 (Ore. 1979)
Walker & Co. v. Harrison, 81 N.W. 2d 352 (Mich. 1957)
Williams v. Walker-Thomas Furniture Co. (D.C.Cir. 1965)
Williamson v. Matthews, 379 So. 2d 1245 (Ala. 1980)

和文索引

【あ行】

アメリカの法システム……………………1
アメリカ法曹協会………………………12
アメリカ法律協会…………………11, 12
意思無能力者……………………………82
移譲者…………………………………177
一部履行……………………………29, 32
意図された受益者……………………171
違反……………………………………143
違反の重大性……………………144, 146
違法性……………………………………85
オプション契約…………………………30

【か行】

下位事実審判所…………………………5
完全履行………………………………127
完全履行の法理………………………147
危険の引受け……………………………71
危険負担…………………………114, 140
救済……………………………………151
鏡像原則…………………………………44
強迫………………………………………85
金銭的損害賠償…………………6, 151
クリーン・ハンズの原則……………166
軽微な違反……………………………144
契約違反………………………………143
契約解除………………………………144
契約の成立………………………………17
契約法第1次リステイトメント………11
契約法第2次リステイトメント………11
原状回復利益の賠償……………153, 160
交換取引……………………………50, 51
控訴裁判所………………………………5

口頭証拠排除法則……………………107
衡平法……………………………………6
抗弁…………………………………20, 69
コモン・ロー……………………………1

【さ行】

債権者…………………………………144
債務者…………………………………174
詐欺防止法………………………………91
錯誤………………………………………70
差止命令…………………………………6
事実審裁判所……………………………5
事情変更の原則………………………138
州籍相違…………………………………6
重大な違反………………144, 146, 147
州法……………………………………3, 13
準契約………………………………13, 14
上訴裁判所………………………………5
承諾……………………………17, 38, 41
譲渡人…………………………………174
消滅時効………………………………166
書式の抵触……………………………110
身心喪失…………………………………35
信頼利益の賠償………………………153
生産量一括売買契約……………………21
善意有償取得者………………………166
先例拘束性…………………………2, 11
先例法理…………………………………2
相互の同意………………17, 18, 23, 38
双務契約……………………………15, 38
損害賠償責任……………………………17
損害賠償の制限………………………124

【た行】

第三者のための契約··················168
第三受益者··························168
多義性·······························73
担保責任···························119
担保責任の免責····················122
地方裁判所···························5
調整·································43
懲罰的損害賠償····················151
撤回·································28
統一商事法典·························12
特定履行··························6, 164

【な行】

能力の欠如····························80

【は行】

発信主義························29, 45
反対申込····························34
判例法·································1
非金銭的救済手段··················166
必要量購入契約······················21
被申込者による拒絶··················33
非良心性·····························88
ファームオファー····················31
不実表示····························75
付随的受益者·······················171
不当威圧····························87
不当利得···························165
部分的違反·························144
不法行為···························151
不明確な申込·······················36
不明確な約因·······················53
不利益的信頼················29, 31, 62
不履行·······························127

【ま行】

片務契約··················15, 16, 38, 41
法定契約······················13, 14
法の強制力··························62
補償条項···························124
補填的損害賠償····················152

【ま行】

未成年者····························80
明示契約·······················13, 14
酩酊者······························84
酩酊状態····························84
名目的損害賠償····················151
メイルボックスルール············29, 45
申込·································17
申込の撤回··························28
申込の誘引··························25
黙示契約······················13, 14

【や行】

約因·······················17, 19, 23, 50
約束的禁反言··············61, 63, 173
約定損害賠償·················151, 161
譲受人·······················174, 177

【ら行】

履行································127
履行困難···························138
履行の懈怠·························143
履行不能···························136
履行利益の賠償····················153
連邦最高裁判所······················5
連邦裁判所····························5
連邦巡回区控訴裁判所··············5
連邦法································3
連邦問題······························6

欧文索引

[A]

acceptance ································ 17, 38, 41
accomodation ································· 43
American Bar Association (A.B.A.) ······ 12
American Law Institute (A.L.I.) ····· 11, 12
appellate court ································· 5
assignee ································· 174, 177
assignor ···································· 174
assumption of risk ···························· 71

[B]

bargaind-for exchange ················ 50, 51
Battle of the Forms ························ 110
bilateral contract ························ 15, 38
binding precedents ······················· 2, 11
bona fide purchaser ······················· 166
breach ·· 143
breach of contract ························· 143
burden of risk ······················· 114, 140

[C]

CAFC ·· 5
clausula rebus sic stantibus ············· 138
Clean-Hands Theory ······················ 166
common law ·································· 1
compensatory damages ··········· 151, 152
consideration ··················· 17, 19, 23, 50
contract for third parties ················ 168
counteroffer ·································· 34
court of appeals ······························· 5

[D]

defense ································· 20, 69

[E]

delegator ···································· 177
detrimental reliance ············· 29, 31, 62
disclaimer of warranties ················ 122
district court ·································· 5
diversity ······································· 6
duress ·· 85

[E]

equity ·· 6
expectation damages ····················· 153
express contract ······················· 13, 14

[F]

failure to perform ························· 143
federal courts ································· 5
federal law ···································· 3
federal question ······························ 6
firm offer ···································· 31
formation of contract ····················· 17

[H]

hardship ···································· 138

[I]

illegality ····································· 85
implied in fact contract ············· 13, 14
implied in law contract ············· 13, 14
impossibility of performance ·········· 136
incidental beneficiary ···················· 171
indemnity clause ·························· 124
inferior trial courts ··························· 5
injunction ····································· 6
insanity ······································ 35
intended beneficiary ····················· 171

intoxicated persons ·················· 84
intoxication ························· 84
invitation to offer··················· 25

[L]

laches ····························· 166
lack of capacity····················· 80
latent ambiguity ···················· 73
legally binding ····················· 62
liability of damages················· 17
liquidated damages ··········· 151, 161

[M]

Mailbox Rule ·················· 29, 45
material breach··········· 144, 146, 147
materiality of breach ··········· 144, 146
mental incapacity ··················· 82
minor ······························ 80
minor breach ······················ 144
Mirror Image Rule ·················· 44
misrepresentation ··················· 75
mistake ···························· 70
monetary damages ··············· 6, 151
mutual assent·············· 17, 18, 23, 38

[N]

nominal damages ·················· 151
nonmonetary remedies ············· 166
non-performance ·················· 127

[O]

obligee ······················· 144, 177
obligor ···························174
offer ······························ 17
option contract ····················· 30
output contract ····················· 21

[P]

Parol Evidence Rule················107
partial breach ·····················144

part performance················ 29, 32
perfect performance ················127
Perfect Tender Rule ···············147
performance ······················127
promissory estoppel ········ 61, 63, 173
punitive damages ··················151

[Q]

quasi-contract ················· 13, 14

[R]

rejection by offeree·················· 33
reliance damages···················153
remedy ··························151
requirement contract ················ 21
Restatement (First) of Contracts ········ 11
Restatement (Second) of Contracts ······ 11
restitution damages ············ 153, 160
restriction of damages ··············124
revocation ························ 28
revocation of offer ·················· 28

[S]

special performance ··············6, 164
stare decisis························· 2
state law ························3, 13
Statute of Frauds ··················· 91

[T]

termination of contract··············144
third-party beneficiary···············168
trial courts ························· 5
tort ·····························151

[U]

unclear consideration ················ 53
unclear offer ······················· 36
unconscionability ··················· 88
undue influence ···················· 87
Uniform Commercial Code (U.C.C.) ····· 12

unilateral contract ············ 15, 16, 38, 41
unjust enrichment ························· 165
U.S. Legal System ·························· 1
U.S. Supreme Court ························· 5

【W】

warranty liability ························· 119

著者紹介

髙田　寛（たかだ　ひろし）

1953年生まれ。明治学院大学法学部教授。企業法学会理事。国際取引法学会理事・副会長。GBL研究所理事。静岡大学工学部卒，同大学院工学研究科修了（工学修士），筑波大学大学院ビジネス科学研究科企業法学専攻博士前期課程修了（修士（法学）），Florida Coastal School of Law 修了（LL.M）。外資系コンピュータメーカ，富山大学経済学部経営法学科教授を経て，2017年から現職。

主な著書に，『Web2.0インターネット法—新時代の法規制』（文眞堂，2007年），『やさしい法律情報の調べ方・引用の仕方』（文眞堂，2010年）（共著），『企業責任と法—企業の社会的責任と法の役割・在り方』（文眞堂，2015年）（共著），『世界の法律情報—グローバル・リーガル・リサーチ』（文眞堂，2016年）（共著）など。

＊本書は，2017年度明治学院大学学術振興基金補助金の受給により出版されたものである。

アメリカ契約法入門

2018年3月10日　第1版第1刷発行	検印省略
2021年5月10日　第1版第2刷発行	

著　者　髙　田　　　寛

発行者　前　野　　　隆

発行所　株式会社　文　眞　堂
東京都新宿区早稲田鶴巻町533
電　話　03（3202）8480
FAX　03（3203）2638
http://www.bunshin-do.co.jp/
〒162-0041　振替00120-2-96437

製作・真興社

© 2018
定価はカバー裏に表示してあります
ISBN978-4-8309-4972-2 C3032